人類圖職場指南

Human Design & Works

從你的類型出發，
找到適合自己的工作

林福益 著
Alex Lin

目錄

4 投射者

5 反映者 271

【自序】

如何找到適合自己的工作？

工作對每個人來說都是非常重要的事情，大部分的人從學校畢業後開始工作，一直到退休，工作的時間可能會超過二十年、三十年，有人甚至工作四十年、五十年以上，可能人生一半以上的時間都在工作，因此工作對每一個人的人生都占著非常重要的地位。

既然工作對我們這麼重要，但是，你有選對工作嗎？你現在的工作是適合你的工作嗎？

如果現在的工作不是適合自己的工作，那要怎麼辨呢？因爲你未來可能還要工作很長的時間，要在這個不適合自己的工作一直待下去嗎？還是要換工作？如果要換工作，又要找什麼樣的工作？究竟要如何找到適合自己的工作呢？

「如何找到適合自己的工作」，看起來是一句話，但是我們可以把它分成兩個重點，一個是「如何找到」、第二個是「適合自己的工作」。本書將以人類圖的角度來仔細介紹這兩個重點。

第一個重點是「如何找到」，其實這是關於如何「做決定」，人的一生中充滿大大小小的決定，小的決定就像是中午要吃什麼午餐？喝什麼飲料？大的決定則是關於要找什麼工作？要不要跟這個人交往？是否要結婚、搬家、出國……等。

「決定」對每個人都非常重要，嚴格來說，我們的「決定」，影響了我們的人生，譬如你高中、大學選什麼科系，畢業之後可能就會選相關科系的工作，也就是你的職涯發展，跟你當初高中、大學選什麼科系，有很重要的關連性。

在關係方面，你可能被邀請參加一個聚會，透過這個聚會認識了一個朋友，之後你決定跟他交往，未來可能決定與他共組家庭。所以當初你是否決定參加那一個聚會，影響了你未來的伴侶與家庭。

由於很多的決定是有連鎖效應的，一個決定會影響下一個決定，接著又影響下一個決定，然而對於每一個「決定」所產生的影響，我們在當時可能無法完全了解它有多重要，因為我們還不知道決定之後，未來會發生什麼事？我們只能在當下做出我們認為最適合的決定。

但是，你做的這個「決定」好嗎？這個「決定」適合嗎？這個「決定」正確嗎？究竟一個「決定」是不是一個「好決定」？很多決定，我們並無法在事前得到答案。

所以我們在做出「決定」前，在我們選擇A或B前，在我們決定接受這份工作或拒絕它之前，我們無法知道這是不是一個正確的決定。要知道一個決定是否正確，可能要根據它的結果來評斷，所以可能需要一段時間，甚至多年之後，才能知道當初的決定是否正確。

本書是以人類圖這個知識，對每個人在做決定時提供了一個方法，只要你是按照你的策略跟內在權威所做出的決定，就是適合你的決定，就是對你而言正確的決定！

而且「正確的決定」這並不是一個口號，也不是一個理想，你可以實際對照你過往的人生經驗，來做出比較：當你有用到人類圖的方式做決定，跟沒有用到人類圖的方式所做出的決定，兩種結果的差異？來驗證是不是用人類圖的方式，確實可以得到比較好的結果？

在以往的人生，由於我們不知道如何做出正確決定的方式，所以每次的結果可能都不一樣，有時候得到好結果，有時候沒有得到好結果，因此我們很容易把得到好結果、歸功於這次的運氣好，沒有得到好結果，則是因爲運氣不好。

但如果我們學會了「如何做決定」的正確方式，我們便可以用來分辨，我們做出的每一個決定，是否是適合自己的正確方式？

再進一步觀察：如果沒有用正確的方式來做決定，那麼結果是不是比較不理想？而如果我們是以正確的方式做出決定，是不是結果就比較好？

如此一來，當我們下次要做決定時，我們就有工具可以協助自己做出正確的決定，就有機會得到正確的結果，也就能找到正確的工作，然後讓我們走向正確的人生。

第二個重點是「適合自己的工作」，從人類圖的觀點，只有生產者來這世界的目的是工作，工作對生產者是最重要的事情。但不是所有的人都是生產者，生產者在所有人口中占七〇％，也就是說，有三〇％的非生產者們，他們來這世界的目的不是工作！

非生產者分為：顯示者、投射者、反映者，雖然工作不是他們來到這世界的目的，但是非生產者們大多數人還是要工作，而其對於工作的想法、選擇，則是很容易受到周圍大多數的生產者所影響，變成按照生產者的思維來選擇工作，這其實是不恰當。

這也是許多非生產者們的困境，他們不知道如何看待自己與工作的關係，不知道什麼是適合自己的工作，只能照著父母的期望，社會的主流價值，跟隨著生產者們的方式去工作，按照生產者的標準來選擇工作，但是，如果你選錯了靶，你就算再怎麼努力射箭，你永遠不會射到正確的目標。

所以本書會針對每一種類型，說明什麼是適合這種類型的工作，讓大家有機會可以重新思考自己與工作的關係，如果你現在的工作正是適合你的工作，那麼非常恭喜你！但如果你現在的工作不是適合你的工作，本書也提供一些建議與方向，讓你可以朝適合你的工作前進。

本書的架構方式，會以四種類型：顯示者、生產者（包含顯示生產者和純生產者）、投射者、反映者來分別介紹。會先介紹每種類型的特性，然後從特性來了解每種類型的策略（策略也就是每種類型做決定的方式），再配合最後一章的內在權威，就是每個人完整的做決定方式。

了解了每種類型的特性之後，接著會介紹各種類型適合的工作，以及每個人要如何從現在的位置，一步一步前進來找到適合自己的工作，重新建立自己與工作的新關係。

另外，針對每種類型還有一些Q＆A，這些我們所收集一般人常見的問題，也可能正是你心中的困惑，如果你看完本書，還有一些問題，歡迎你寫信到我的網站「人類圖商學院」或臉書「人類圖商學院」留言，我們很樂意回答你的問題。

讓我們開始進入本書的世界吧！

1

人類圖基本介紹

人類圖是什麼？

人類圖是將一個人的西元出生日期、時間及出生地，輸入軟體（或許多網站上的跑圖頁面）後所得到的一張圖（如圖1）。

要快速的了解人類圖是什麼，有兩個比喻：1. 西洋的紫微斗數，2. 你的人生使用說明書。

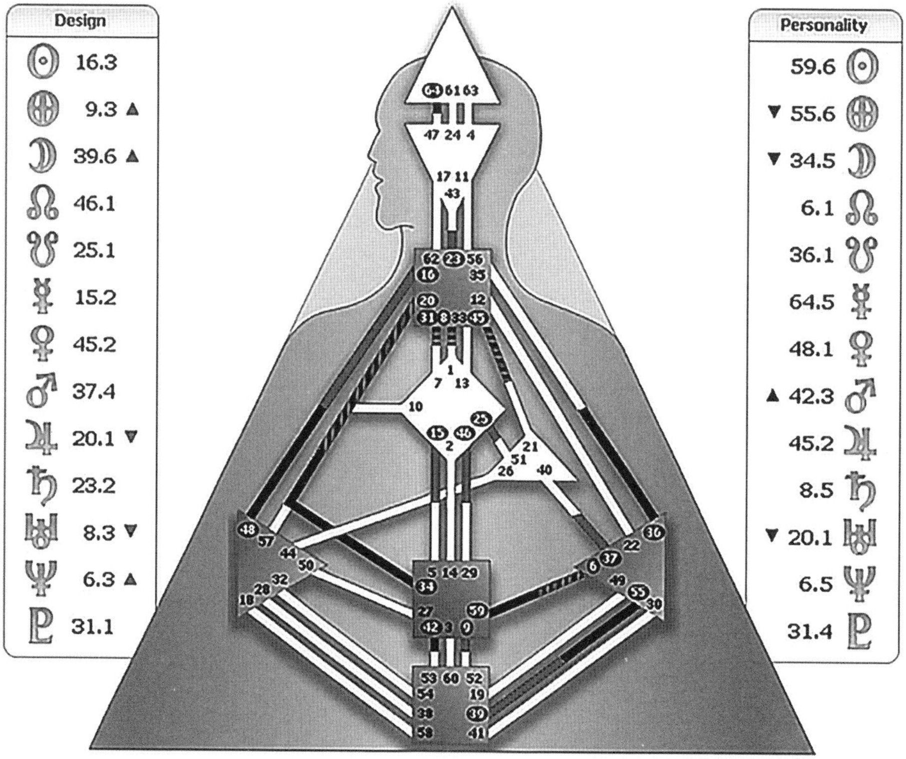

圖1

西洋的紫微斗數

因為許多人可能都聽過紫微斗數，就是以一個人的出生時間來跑出一張圖，上面有命宮，代表你的基本個性、你的夫妻宮可以看你的愛情，事業宮是有關事業……等。

人類圖也是用你的出生時間來跑出一張圖，而根據這張圖也可以了解你的個性、行為、想法，你對愛情的看法、適合的工作、事業……等。所以我把它比喻成西洋的紫微斗數。

你的人生使用說明書

另外，人類圖也可以說是「你的人生使用說明書」，就像電器產品都有附上使用說明書，讓你了解它有什麼功能、要如何運作。根據這份說明書，可以讓我們知道如何正確的使用這電器，讓這電器發揮最大的功能。

譬如一台洗衣機，它的功用就是洗衣服，洗棉被，所以你不會把它用來洗碗，你也不會把它當成冰箱，把食物放進去。所以，用洗衣機來洗衣服，這對洗衣機來說就是對的事情，但如果想用洗衣機來保存食物，就不是一個正確的決定。

人類圖的功能與好處

1. 了解自己

很多人都想要了解自己，世界上也有非常多的工具可能讓我們了解自己。但人類圖是一個快速、簡單、方便的工具可以讓你了解自己。

舉例來說，你可以用很短的時間，便可以了解關於你情緒的一些簡單特性，但首先你要先查詢你的人類圖，當你得到圖後，請你看你的圖右下角那個三角形，它是情緒中心（見圖2）。情緒中心可以分成兩種：有顏色的情緒中心跟空白的情緒中心。

如果你的情緒中心有顏色，代表你的情緒有固定運作的模式，也就是會像海浪一樣上上下下、高低起伏，所以即使外在環境沒有任何變化，但你的情緒波自然就會移動，譬如情緒在高峰時你的心情變得開心，但等到情緒波走到低谷時則心情低落，一段時間後又會再走到高峰，因此你的情緒會一直處在上下起伏的狀態。

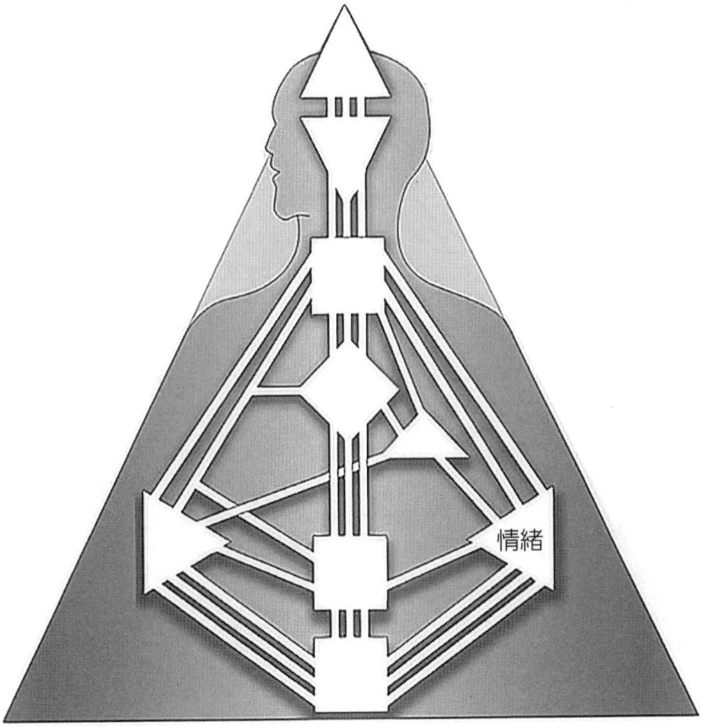

圖2

如果你的情緒中心是空白的，則代表你的情緒沒有固定運作的模式，因此當你自己一個人時，你的情緒可能沒有任何波動，像平靜無波的湖水一樣。不過空白情緒中心會受到其他人的影響，而且會放大對方的情緒兩倍，所以當你靠近一個情緒中心有顏色的人，而對方是處於開心的狀態，你可能被他影響，變成兩倍的開心；而當你另一個朋友跟你訴說她悲傷的心情時，你又放大了她的悲傷兩倍，你可能會比她哭得還厲害。然後當你離開他們，你又恢復自己一個人一段時間後，你的情緒可能又會回到平靜無波的狀態。

2. 了解別人

我們生活在這世界上，每天都會跟別人互動，在跟別人相處的過程中，有些人好相處，有些人很難溝通。所以我們有時會覺得「人心隔肚皮」、「知人知面不知心」，對於一些朋友、同事，因爲相處時間不夠長，所以不太了解對方的個性。但就算是親近的家人、伴侶，我們也時會抱怨「其實你不懂我的心」，所以想要了解別人真的是一件非常困難的事。

如果你可以取得另一個人的人類圖，你就可以透過人類圖的知識來了解他，就像前面情緒中心的例子，對方的情緒中心也只有兩種可能：有顏色的情緒中心跟空白的情緒中心。

如果你跟他的情緒中心都有顏色，你們對情緒波的上下起伏就會有類似的感受，容易引發共鳴，但如果你的情緒中心有顏色，而對方是空白的，你就很難明白對方會放大別人的情緒兩倍是什麼意思？

兩個人的設計不同，你自然很難理解對方，這是正常的。不過透過人類圖的描述，我們就能有工具、有方式可以試圖去理解跟我們不同設計的人。當知道彼此相同與不同之處後，我們便有機會可以找出有效的溝通及相處之道，讓你跟你自己，你跟別人，都能創造不同的新關係。

3. 提供每個人做決定的方式

對於做決定，以及要如何做出一個好的決定。大部分的人都會認爲就是要仔細思考，把各種可能性列出來，寫下優點、缺點來比較，優點比較多的可能就是比較好的選擇，然後就做出了決定。幾乎大多數人都是這樣做決定。

但在人類圖裡，認爲不同設計的人有不同做決定的方法，對每一個人提供了適合他自己做決定的方式。以前面情緒中心來說明，一個情緒中心有顏色的人跟情緒中心空白的人，兩個人做決定的方式就是不一樣的。

因爲情緒中心有顏色的人會有情緒的上下起伏，就是有時心情好，有時心情不好，假設有人約他週末出去玩，當他在心情好的時候，可能很快的就答應了別人，可是隔天心情低落時，變成不想出去玩了，可是已經答應別人了，怎麼辦？

因此對於情緒中心有顏色的人，就不適合在當下做決定。可是對情緒中心空白的人，就沒有這種困擾，他可能就可以馬上做決定。

這只是一個簡單的例子，讓你明白因爲每個人的設計不一樣，因此每個人做決定的方式也都不一樣，以人類圖的名詞，就是要按照你的「策略」跟「內在權威」來做決定，這也是本書的重點。

不過，要按照人類圖的方法來做決定，首先你要知道自己的人類圖。

如何取得你的人類圖？

對於人類圖的文字敘述，有英文版本跟中文版本，有些人喜歡看英文，有些人喜歡看中文，取得方式如下：

英文版本

你可以到人類圖總部「Jovian Archive」網站的「Get Your Free Chart」

https://www.jovianarchive.com/get_your_chart

或是國際人類圖學院「IHDS」網站「NEWCOMERS」之中的「Free Human Design Chart」

https://www.ihdschool.com/get-your-chart

然後輸入你的西元出生日期、時間、出生地，即可得到你的人類圖。

中文版本

你也可以在網路上搜尋「取得人類圖」即可發現許多中文網站，進入網站輸入西元出生日期、時間及出生地，即可得到你的人類圖。

人類圖簡單說明

當取得你的人類圖後，你會看到兩個部分，一個是圖形部分，另一個是文字敘述部分，當你了解了這些圖形與文字敘述，你對人類圖就能有基本的認識了。

圖形部分

在你的人類圖上可以看到許多三角形、正方形（見圖1），我們稱為「能量中心」（Center），人類圖上有九個能量中心。

這九個能量中心，分別代表不同的功能（見圖3）：

- 頭腦中心：思想與靈感
- 邏輯中心：概念化、分類、分析、研究調查
- 喉嚨中心：言語溝通能力、發起
- G中心：愛、方向與自我認同
- 薦骨中心：生命力、生殖力、生產
- 根部中心：壓力、緊張
- 意志力中心：自我、自尊、自我價值、意志力
- 情緒中心：情緒、情感、欲望

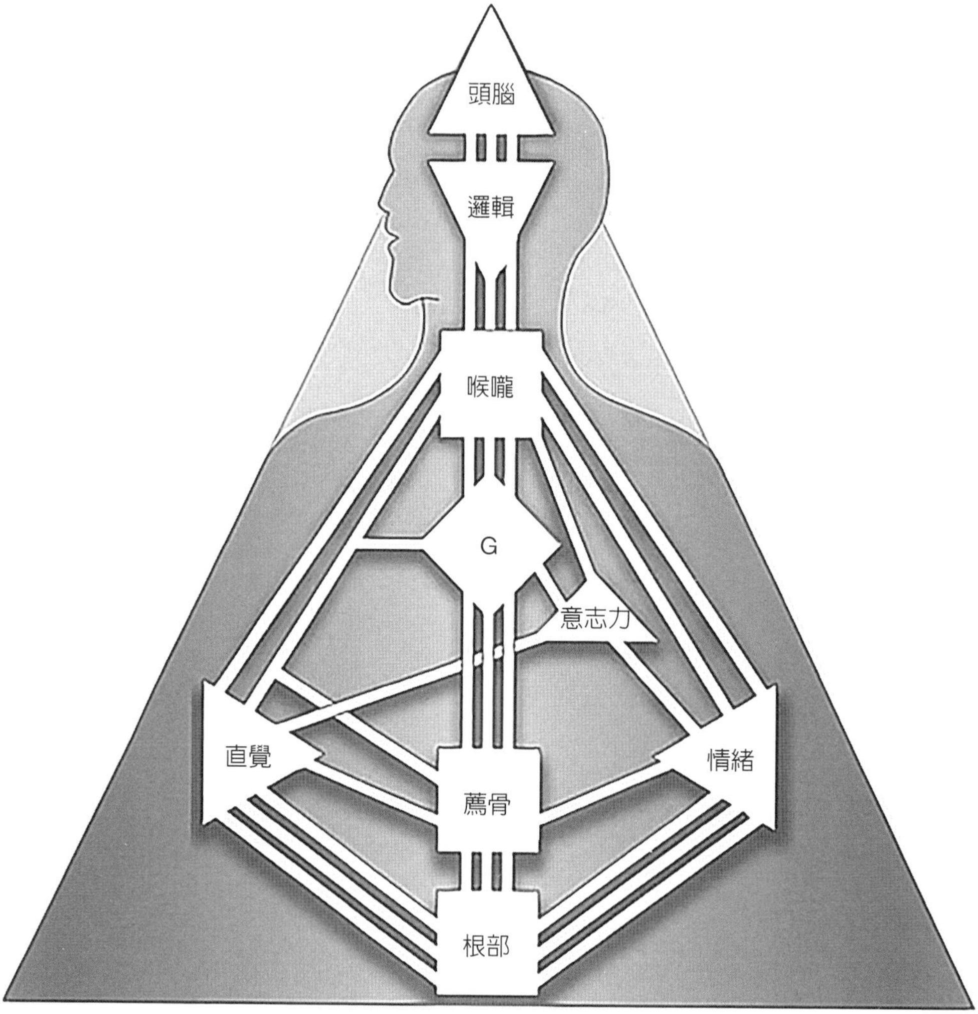

圖3

• 直覺中心：直覺，處理恐懼與保持健康

另外，在三角形、正方形裡還有許多數字，這些數字我們稱爲「閘門」（Gate）。你如果擁有這些閘門，在你圖上的能量中心裡，那一個數字就會用紫色圈起來，代表你擁有這個閘門。在能量中心之間有一些管狀物接通能量中心，這些管狀物我們稱爲「通道」（Channel）。

有顏色/空白的能量中心

當你第一次看到人類圖，最常出現的問題可能是：爲什麼有些能量中心、通道是有顏色的，有些則是空白的？

一個中心是否有顏色，這是由連接它的通道所決定的。如果你在一條通道兩邊的數字都被紫色圈起來，代表你擁有這兩個閘門，這兩個閘門就會接通了這條通道，整條通道都會有顏色，因此能量便可以在兩個中心之間流動，這樣同時也會讓通道兩邊的中心成為有顏色（我們稱為有定義）。

我們可以把通道想成是燈管，燈管一邊是正極、一邊是負極，正極跟負極一定要同時存在，燈管才會發亮，如果只有一邊的正極或只有一邊的負極，燈管是不會亮的。

如果一個中心是空白的，代表這個中心接到其他中心的通道，兩邊的閘門只有一邊有被紫色圈起來的閘門，或是兩邊都是空白的，因為沒有能量接通這個中心，因此這個中心就是空白的（我們稱為無定義）。

黑色與紅色

在圖右邊的那排數字是黑色的，左邊的數字則是紅色的。黑色代表你有意識的部分、你有察覺的部分，也就是你認為的自己。紅色的部分則是你的潛意識，是你比較沒有察覺、比較不認識的自己，但這是你展現出來的行爲，是別人眼中的你。

就好像冰山理論，浮在水面上的是你黑色的部分，你所意識到的自己，沉在水面下的則是紅色部分，是你的潛意識，你自己看不到、看不清楚，但是別人卻看得很清楚。

所以透過這些圖形，你明白了你有哪些閘門、哪幾條通道，哪些中心是有顏色的，哪些中心是空白的。哪些特質是你自己有察覺的，哪些特質是自己比較不清楚的。這些你所擁有的閘門、通道、有顏色的中心、就是你獨特的設計。

文字敘述部分

如果你從外國網頁產出人類圖，得到的就是英文名詞，如果是中文的網頁，就是中文名詞，透過這些不同的名詞，便可以對每個人做出區分，你可以了解自己有哪些設計，也可以明白別人有什麼特質。

人類圖的內容相當豐富，本書的內容主要專注在類型以及內在權威，因爲這兩者決定了每個人做決定的方式。

類型（Type）：顯示者（Manifestor）、生產者（Generator）、顯示生產者（Manifesting Generator）、投射者（Projector）、反映者（Reflector）。

人生角色（Profile）：1/3、1/4、2/4、2/5、3/5、3/6、4/6、4/1、5/1、5/2、6/2、6/3。如果是1/3人生角色，念法不是三分之一，而是念成一三。

定義（Definition）：一分人（Single Definition）、二分人（Split Definition）、三分人（Triple Definition）、四分人（Quadruple Definition）。

內在權威（Inner Authority）：情緒內在權威（Emotional - Solar Plex）、薦骨內在權威（Sacral）、直覺內在權威（Splenic）、意志力內在權威（Ego Manifested與Ego Projected）、自我投射內在權威（Self Projected）、無內在權威（None）。

策略（Strategy）：告知（To Inform）、等待回應（To Respond）、等待被邀請

（Wait for the Invitation）、等待二十八天週期（Wait a Lunar Cycle）。

非自己主題（Not-Self Theme）：憤怒（Anger）、挫敗感（Frustration）、苦澀（Bitterness）、失望（Disappointment）。

輪迴交叉（Incarnation Cross）：共有一百九十二種，名詞繁多，本書不一一列出。

當你看完上面的描述，你現在已經可以知道你的類型、策略、內在權威，接著在後面文章找到相對應的內容，你就知道你要如何做出正確的決定了！

在工作上，人類圖認爲不同類型的人適合的工作都不一樣，所以要先了解自己類型的特性，就可以知道自己適合什麼樣的工作。當你知道你的類型適合什麼樣的工作，又知道如何做出正確的決定，自然就能找到對你而言正確的工作，然後擁有正確的人生了！

2

顯示者

大部分人一開始學習人類圖，最先記住的就是自己是什麼類型，當遇到其他也知道人類圖的人時，彼此最先問的問題常常是：「你是什麼類型？」所以從類型開始，你可以知道你這種類型的特性，然後透過了解周圍人的人類圖，你很快可以知道誰跟你是相同類型，誰跟你又是不同類型；彼此之間的相同點在哪？不同點又是什麼？

人就像是一輛車子

在人類圖中，我們有時會把人比喻成「車子」，人生則像是一條「路」，車子在路上行駛時，每經過一個路口，都要決定是繼續直行、還是要轉彎。在人生中每個人也常常需要做選擇，不同的選擇會帶領我們走往不同的方向，所以人就好比是「車子」一樣。

人類圖把人分成四種類型：顯示者、生產者（包含顯示生產者）、投射者、反映者。而四種不同的「類型」就像是四種不同的車子，譬如有汽油車、柴油車、電動車、油電混合車。每種車子都有各自獨特的特性，每一種車子也有專屬自己的「操作方式」，才能發揮它最大的功能。

關於每種類型各自的操作方式，就是「策略」，每一種類型都有跟它相配合的策略，要運用適合自己類型的策略才能發揮自己最大的功能，如果弄錯策略，譬如你是生產者，卻使用了顯示者的策略，就好像是把柴油加進汽油車裡，不僅無法發揮車子原本的功能，可能還會發生故障，讓車子出現問題。

所以我們除了要了解自己的類型之外，更要知道如何使用自己類型的策略，這樣才能發揮我們這台「車子」的完整功能，並且避開故障的可能性。

顯示者的特性

Manifest從字面意思上來看，是顯示、表現的意思，所以顯示者（Manifestor）

就是把事情顯示、展現出來的人。特別是讓事情從無到有的展現出來，這是顯示者最主要的特性。

顯示者的人數比較少，大約在人群中僅占八%。

形成顯示者的方式：薦骨空白、喉嚨接到動力中心。

首先顯示者的薦骨中心一定是空白的，因爲如果薦骨中心有顏色，他就會是生產者。

再來顯示者的喉嚨中心一定有顏色，而且喉嚨中心要透過通道接到除薦骨外的三個動力中心（意志力中心、情緒中心、根部中心）其中之一。可以是直接接通，也可以是間接接通（就是喉嚨中心先接到非動力中心，然後再接到動力中心）（見圖4）。

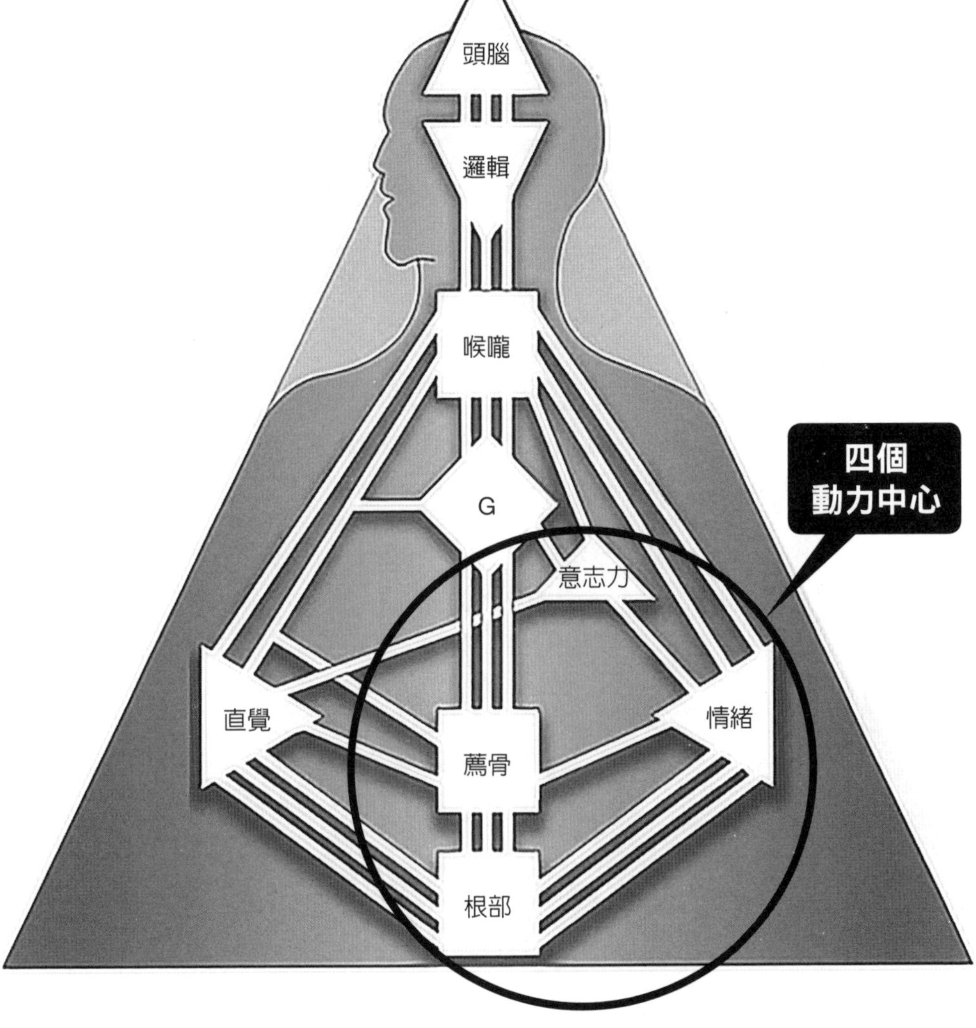

圖4

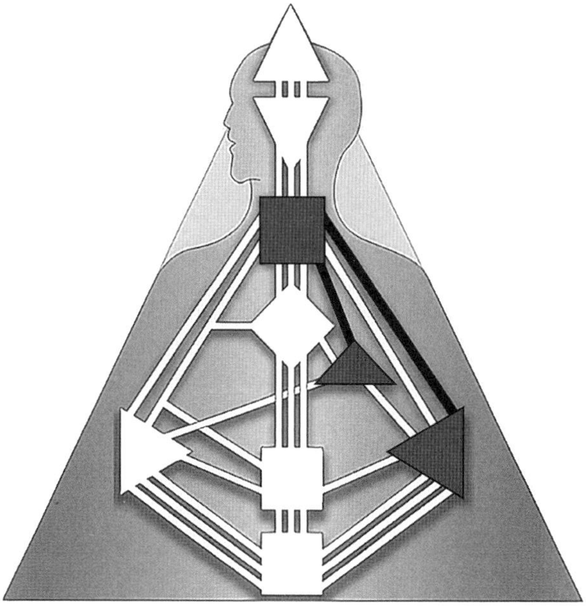

（薦骨空白，喉嚨直接接到動力中心）

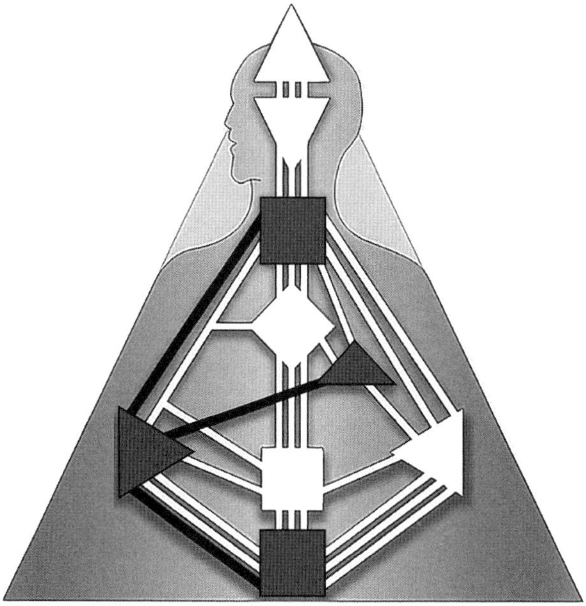

（薦骨空白，喉嚨間接接到動力中心）

圖5

如果一個中心有顏色，代表著這個中心擁有持續不斷、穩定可靠的運作方式，而喉嚨中心代表了「言語溝通的能力」、「發起的行動力」，這裡的重點是「發起的行動力」，因爲顯示者的喉嚨中心，接到了除薦骨中心外的其中一個（或以上）動力中心（意志力中心、情緒中心、根部中心），表示他喉嚨中心「發起的行動力」，後面有持續運作的動力中心在支持，因此顯示者擁有源源不絕、持續運作「發起的行動力」，他便可以隨時「主動發起」（見圖5）。

主動發起，讓事情發生

顯示者有源源不絕「發起的行動力」，代表著顯示者可以隨時「主動發起」，他能夠主動開始做一些事情，因此顯示者可以想說什麼就說什麼，想做什麼就做什麼，想去哪裡就去哪裡。

顯示者擁有穩定的「發起的行動力」，所以可以從零開始，從無到有，因此顯示者來這世界的目的是讓事情發生，讓事情顯示出來。在四種類型中，顯示者是唯一能夠「主動發起」的人，他們是唯一一種不用等待就能獨立行動的人，他們不用與其他人互動就能獨自把事情做好，他們自己就可以讓想做的事情發生，這是顯示者獨特的天賦。

顯示者是唯一不用等待的類型

顯示者是四種類型中，唯一一種不用等待的類型，其他人都必須等待！

在四種類型的策略中，我們可以用「需要等待」與「不需要等待」來做區分，顯示者的策略不需要等待，可以隨時發起，隨時做任何事情，但其策略並不是「主動發起」，而是「告知」。就是在做決定之前、行動之前，「告知」跟這決定的相關人等。

其他三種類型的策略都要「等待」，生產者要等待回應，投射者要等待被邀請，反映者要等二十八天之後再做決定。也就是其他九二%的人，都必須等待，這是顯示者與其他類型最大不同的地方。

顯示者必須對自己的生命負責

其實，每個人都應該對自己的生命負責，但「對自己的生命負責」這句話對顯示者尤其重要，因爲只有顯示者能夠主動發起，所以顯示者要爲自己的成功負責，顯示者要爲自己的失敗負責，這就是顯示者設計的特性。

而其他三種類型的策略都是需要等待，等待一個訊息來到他們面前讓他們可以回應，等待一個人來到他們面前邀請他們，等待時間帶給他們清楚的看法，所以從某個角度來說，其他三種類型必須等待因緣際會來到他們面前，來影響他們的人生，豐富他們的生活。

但顯示者不需要等待，想要什麼，就要靠自己去得到，因此不管是工作、愛情、友誼……等，都取決於由顯示者主動發起去爭取，由顯示者主動發起去得到，也就是顯示者想要什麼樣的人生，都是由顯示者來決定。

顯示者擁有傳統認為的領導者特質

顯示者可以主動發起，採取行動，這是非常有價值的特質，因爲不需要等待大家達成一致的意見，也不需要等待被問問題，所以當其他人還在等待時，顯示者可以直接站起來採取行動，讓事情發生。

當顯示者正確運作的時候（按照策略跟內在權威來行動時），做了對自身而言正確的事情時，顯示者對其他人會產生非常大的價值。因爲顯示者擁有主動發起把事情完成的天賦，能夠從無到有開創新事物、跳進新的領域，這樣的行爲是非常耀眼的，將會吸引一批追隨者，想要跟著顯示者一起前進。

歷史上也有許多類似的事件，就是當一群人陷入困境、手足無措，不知道怎麼辦時，突然有個人站起來登高一呼，告訴大家要做什麼，帶領大家一起行動，然後走出困境，這就像是顯示者所做出的行爲，而展現出這樣行爲的顯示者也很容易成爲領導者。

所以，這種顯示者的特質便成爲傳統上我們認爲領導者的特質，他們可以「積極主動」，他們會說「若要如何，全憑自己」，他們鼓勵大家「努力奮鬥開創自己的未來」！長久以來，這也成爲了社會的主流價值，因爲大家都想學習顯示者的特質，大家都想成爲顯示者。

以三國時代的人物來了解類型

一開始接觸人類圖的人，對於什麼是顯示者、生產者、投射者及反映者，可能不是很熟悉。所以我們用三國時代的人物來做比喻，可能大家會比較容易了解。

顯示者就像是曹操、孫權等，就是我們傳統認爲的領導者，他們是發號施令的人，他們發揮他們的影響力，向大眾表達他們想要做的事情，領導大家走向他們想去的那個方向，然後就會有許多人來跟隨他們。

生產者就是眾多的武將文臣，譬如關羽、張飛、周瑜、陸遜……等，他們回應了顯示者說出的話，然後去完成所有的事情，他們來這世界的目的是生產事情、創造事情，這世界大多數事物都是由生產者所創造出來的。

投射者的原型是諸葛亮，投射者主要是一直在研究、一直在思考，他追求的是讓別人更有效率，協助別人成功。

反映者則是一些奇人異士，像是華陀，他們人數很少，只占人群中的一%，但是因爲他們的存在，讓這個世界變得更精彩。

顯示者此生的目的：影響周圍的人

雖然我們認爲顯示者的特質像是傳統領導者的原型，但並不代表只有顯示者才能成爲領導者，事實上，所有類型的人都可以成爲領導者，只要每個人活出自己的設計、做出正確的決定，每一個人都有可能成爲領導者。

另外，顯示者是非常有影響力的設計，他的存在就會影響四周圍的人，當一個顯示者活出他的設計，發揮他的影響力去影響周圍的人，他在人群之中是非常耀眼的，這也是顯示者來這世界的目的。

因此當顯示者活出自己的本性，發揮他的影響力，他也會很自然、很容易就會成爲人群之中的領導者。

對顯示者最重要的事：發揮影響力

顯示者來這世界的目的就是要發揮他的影響力，如果你是顯示者，你已經知道自己有什麼樣的影響力，恭喜你，你走在對的道路上。

但如果你還不清楚自己有什麼樣的影響力，你可以試著做這個練習：

當你要決定做一件事之前，想一想，如果在不通知其他人的情況下，你就去做這件事，結果會如何？也就是說，當你想做一件事情，你就直接去做這件事，不讓任何人知道，誰會受影響？

你可能會覺得，應該沒有人會受影響吧！

事實上，作為顯示者，你每做一件事，或多或少都會影響到周圍的人，也就是在顯示者周圍的人都會受到這個顯示者的影響，所以顯示者要開始思考自己有什麼樣的影響力？想要影響什麼事情？要如何發揮自己的影響力？這是顯示者一生中最重要的事情。

你可以想想，你最近一次收到別人對你的抱怨，別人對你生氣，別人對你責備，別人對你感到不滿，那是什麼事情？是什麼原因所造成？那就是顯示者會對別人造成影響的地方。顯示者必須開始看到，即便你做的是你認為跟任何人都毫無關係的事情，但在某個地方，可能有人在生你的氣！

你要開始知道你身爲顯示者的力量，你對其他人所產生的影響，這是你與生俱來的能力，然後，你必須開始改變你對自己的看法，你可能之前會認爲自己沒有影響力，但其實你低估了自己的影響力。

顯示者可以想一想，在你平時的生活中、工作上，你做的事情會影響到哪些人？建議你可以把這些人列出一個清單，這些人就是以後你要做決定時，要告知的相關人等。

如何衡量顯示者是否活得健康？

對每一種類型，我們可以用一些指標來衡量一個人是不是處於健康的狀態，這裡說的健康不是指身體健康的意思，而是表示你有沒有正確的活出人類圖的設計，如果是健康的狀態表示你正活出自己的設計，而當你處於不健康的狀態，則表示你現在可能沒有活出眞正的自己。

一個顯示者健康的狀態是感覺平和，不健康的狀態是感覺憤怒。

不健康的狀態：感覺憤怒

由於顯示者可以主動發起，可以想說什麼就說什麼，想做什麼就做什麼，想去哪裡就去哪裡，但是當無法做自己想做的事情時，當被阻止時，就會感覺憤怒。

由於顯示者可以主動發起，一般人無法預期顯示者會做出什麼樣的行爲，所以他們周圍的人常常會擔心顯示者受到傷害，或者怕受到顯示者的傷害，因此旁邊的人常常會想要讓顯示者待在一個周圍人習慣的安全領域，周圍的人會試圖控制顯示者、影響顯示者，這也會造成顯示者的憤怒。

即使旁邊的人其實並沒有想要控制顯示者的意思，但只要顯示者感覺到自己想要做的事情被影響、被干擾、被阻止，無法按照自己的意思去做想要做的事情，就會感覺到憤怒。

憤怒是一種能量，不管是對自己，或是對周圍的人都會產生巨大的影響。想像一個顯示者小孩，如果從小被父母限制、控制，就會開始感覺憤怒。隨著年紀增長，又被學校、公司、社會控制，可能慢慢發展成一個深深憤怒的顯示者。隨著時間的累積，如果顯示者長期將憤怒隱藏在心中，可能會讓顯示者很不舒服，但如果突然將憤怒釋放出來，則有可能讓自己或其他人受害。

健康的狀態：感覺平和

如果一個顯示者感覺平靜、平和，這樣就是處於一個健康的狀態，對於感覺平和是顯示者終其一生想要追求的目標。

顯示者的平和來自「告知」，透過顯示者的告知，讓那些需要知道的人知道了顯示者要做的事情，他們知道了什麼事情將要發生，因而清除了擋在顯示者面前的障礙，就像在街上開車，顯示者看到有人在他面前穿越馬路，顯示者就按了喇叭，這就是告知。

當顯示者按了喇叭後，前方的人收到訊息後就會走開，不再擋在道路上，顯示者就可以順利的把車子開過去，他就會感覺到平和。

如果你是一個顯示者，你可以自己衡量自己的情況，如果你常常感覺憤怒，心中常有一股怒氣，那你有可能處於一個不健康的狀態；如果你都是處於平和的心情，那你就是健康的狀態。

不過，雖然感覺平和是顯示者健康的狀態，但不代表健康狀態下的顯示者就一定不會憤怒。因爲憤怒是顯示者的一部分，如果顯示者表達出憤怒，並不代表就不健康，也不是說這樣的顯示者就是錯的，憤怒是顯示者的本性之一。

但差別是，健康的顯示者表達憤怒時，只是一種能量的釋放，能量釋放完後憤怒就消失了，它沒有鉤子，不會勾人，不會勾住別人不放，而且顯示者正確表達的憤怒也不會持久。

如果是不健康的顯示者所發出的憤怒，不只傷人傷己，而且會持續很久的時間，就像鉤子把自己勾住不放，或者勾住別人不放。

一個沒有活出自己的顯示者，一個常常處於憤怒狀態的顯示者，當了解自己憤怒的原因，了解自己的設計與特性，隨即開始練習人類圖的方式之後，將有機會看到自己的憤怒慢慢消失，然後自己由不健康的狀態轉變成健康的狀態這種神奇的轉變。

顯示者的能量場

在人類圖裡，如果你想了解任何一種類型，就要先了解他們的能量場，能量場是每種類型的起源，是表達這種類型存在的方式。透過了解每一種類型能量場的特性，可以對這個類型更深入的了解。

顯示者的能量場是一種封閉、排斥的能量場。

封閉的能量場導致其他人很難穿透顯示者的能量場，因此會產生一種疏離感。有人形容顯示者就好像被包在一個箱子裡面一樣，外面的人不知道裡面的顯示者是什麼樣子？在想什麼？對顯示者覺得很困惑，所以旁人很難跟顯示者建立連結。

在箱子裡面的顯示者也很煩悶，也想要讓別人知道他心中的想法，可是隔著一個箱子，別人都無法了解他，裡面的顯示者有時也不知道怎麼辦！

排斥的能量場，是一種向外擴張的能量場，有種向外推的感覺。因爲這種排斥能量場的關係，感覺像是顯示者想要把周圍的人推開，因此周圍的人很容易對顯示者感到緊張、擔憂，造成其他類型的人可能莫名就會對顯示者感到緊張、擔憂，這都是由於顯示者能量場所造成的影響。

因爲能量場的關係，只要顯示者感覺被抵抗、被阻止，就會感覺憤怒。所以當一個顯示者小孩出生後，就會散發排斥、向外擴張的能量場，而他的周圍九二%都不是顯示者，因此當周圍的人進入顯示者小孩的能量場時，自動就會產生抵抗，從那時起，小小顯示者就會開始憤怒了。

所以，有些顯示者小孩在嬰兒時期，哭聲非常大聲，感覺非常生氣，他有可能就是因爲憤怒而哭泣。

其他類型的人對顯示者的擔心

顯示者可以自己獨力完成事情，不需要其他類型來協助，自己就可以完成自己想做的事情。

這也表示，顯示者是不受任何人控制的，而當事情不受控制時，就代表可能會有意外發生，而一般人及這個社會則是希望一切井井有條，每件事情都能穩定的運作，社會不喜歡那些獨立的、無法控制的人，擔心會有意外發生，所以人們會擔心顯示者「不受控制」這一點。

顯示者也是不可預測的，因爲沒有人知道顯示者下一步要做什麼？這會讓其他人感到緊張，因此旁人會試圖想要控制顯示者，想要控制這個不安定因素，而這樣的想法、做法，將會造成顯示者非常的不舒服。

從小孩成長的過程來了解顯示者

要了解每一種類型，他們如何成爲健康的狀態，以及如何變成不健康的狀態，還有他們的行爲模式與反應，可以從他們小時候的成長過程、會遭遇到的問題、周遭人的處理方式以及他們的反應，來對這種類型得到更深入的了解。

以顯示者爲例，因爲顯示者的特質是可以主動發起，想做什麼就做什麼，所以假設一個三、四歲的顯示者小孩早上起床，看到外面天氣很好，外頭有鳥叫聲、有小狗在跑，如果他想出去玩，因爲他可以主動發起，於是他就打開門走了出去，如果他想去公園玩，他可能就往公園走去。

等到父母起床後，要找這個小孩，但卻在家裡找不到小孩，這時父母一定會非常驚慌、不知所措，接著趕快急急忙忙、慌慌張張的衝出門去尋找小孩，在經過一段時間六神無主，著急、慌張的尋找後，最後終於在公園找到這個顯示者小孩時，會發生什麼事？

父母有可能喜極而泣，終於找到小孩了，然後緊緊抱著小孩，把他帶回家；但更多的情況是這小孩會受到處罰，可能是言語的責罵或是身體的處罰，而且是嚴厲的處罰，接著這小孩開始會受到限制，不准他出門、不准他做這件事、不准他做那件事……等。

父母責罵、處罰、限制顯示者小孩的原因，主要是來自關心與保護，他們擔心顯示者小孩突然就不見人影、跑出去玩，可能會跌倒受傷、被路上的車子撞倒、迷路無法回家……等，所以有的父母會用處罰的方式，來讓顯示者小孩記得不要再做同樣的事。

顯示者小孩被限制後開始變得憤怒

但對顯示者小孩來說，他的設計就是能夠主動發起，他想去哪裡就要去哪裡，這是他的特質，所以當他只是在展現自己的特質，他去做他想做的事情卻被阻止、被干擾時，他就會感到憤怒，而當他因爲活出自己的特性卻被處罰時，他會更憤怒！

等到顯示者長大一點，如果他還是維持顯示者的特性，一直主動發起，想做什麼就做什麼，可能有一天他跟同學出去玩到晚上十二點才回家，但父母從晚上八、九點就一直擔心顯示者小孩爲什麼還沒回家？一直等到十點、十一點、十二點，當十二點顯示者小孩回到家時，父母一定會指責他、爲什麼這麼晚才回家！進而限制他以後一定要九點前就到家，因爲受到限制、被干擾，這又會讓顯示者感到憤怒。

如果常常都被限制、被阻止，導致自己不能自由的做自己想做的事，這樣的顯示者小孩就會常常處在憤怒的狀態。

當顯示者小孩不想讓人知道在想什麼、要做什麼

因爲顯示者小孩沒跟父母說，自己就跑去公園玩，被父母發現後，會遭受處罰，並且被限制以後不能再自己一個人跑出去玩。

但如果以後顯示者小孩又想去公園玩了，可是父母已經告誡了他不能去，怎麼辦呢？因爲顯示者可以主動發起，所以他就會想辦法偷偷摸摸跑去公園玩，再無聲無息的回到家裡來，只要父母沒有發現，他就不會被處罰了。

慢慢的，這樣的顯示者小孩會開始發展出兩面人的人生，就是在父母面前是一個樣子，表面上是完全聽從父母指令的乖小孩，私底下卻可能是另一個樣子，他會去做任何他想做的事情，只要他沒有被發現，就不會被處罰了。

所以這樣的顯示者小孩不會讓父母知道他在想什麼，也不會讓別人知道他想要做什麼，因爲只要不被知道就不會被反對、被控制，只要自己小心翼翼不被發現就好。

當顯示者小孩開始隱藏自己

另外一種情況，因爲小時候的「主動發起」沒有得到好結果，反而被父母責罵，被父母限制，導致自己很憤怒，如果這顯示者小孩不想再面對相同的事情，他就會改變自己的行爲，可能就不再「主動發起」了。

因爲不主動發起，就不會被父母限制、被父母干擾，也就不會憤怒了，於是就放棄顯示者本性，轉變成父母叫他做什麼就做什麼，父母叫他去哪裡就去哪裡，凡事都要等父母發出訊息後才會反應，變成像是生產者小孩一樣，假裝自己是生產者。

這種假裝自己是生產者的小孩可能會讓父母覺得開心，感覺自己的小孩好像比較懂事了，不會再一直惹禍，父母說什麼他就做什麼，變得成熟了，父母感到很欣慰，但這顯示者小孩卻是漸漸失去了自己顯示者的力量。

顯示者的策略

前面介紹了人就像車子，車子需要正確的操作方法，才能發揮車子最大的功能，每種類型的人也需要按照自己的「策略」來做決定，才能做出最適合自己的決定。

就像是開車時會遇到風阻，產生阻力，每種類型的人在做決定時，如果沒有運用自己的策略，也會遇到抗拒，產生阻力，所以按照自己的策略來做決定，就是用來減少抗拒、消除阻力的方式。

小時候「請求允許」，長大後「告知」

顯示者是四種類型中，唯一有兩種策略的設計，在顯示者小孩的時候，策略是「請求允許」，長大之後，策略則變成「告知」。

很多人會誤以爲「主動發起」是顯示者的策略，其實並不是。「請求允許」跟

「告知」才是顯示者的策略，在「請求允許」跟「告知」後，顯示者才能主動發起，也才能讓主動發起得到好結果。如果顯示者沒有先「請求允許」或「告知」，就直接「主動發起」，很容易就會遇到抗拒。

孩童顯示者的策略：請求允許

當一個顯示者小孩要做任何事情前，要先向他的父母「請求允許」，得到父母的允許之後，便可以去做他想做的事情。

前面介紹過顯示者能量場具有封閉、排斥的特性，導致周圍的人會對顯示者不自覺的感到擔心、緊張，父母會對顯示者小孩感到擔憂，不知道顯示者小孩會突然做出什麼事？

所以當顯示者小孩想做什麼事之前，先向父母「請求允許」，將可消除父母的擔憂，讓父母放心，父母知道這小孩不會突然的、不可控的，做出讓他們驚訝、驚嚇的事情，慢慢的，父母就會開始越來越信任顯示者小孩，給顯示者小孩更多的空間，同意他們的請求。

顯示者小孩透過「請求允許」，將會消除周圍人的抵抗，讓他可以去做自己想做的事情，開始探索這個世界，開始發展屬於自己的人生。

父母要教導小孩如何請求允許

如果你有顯示者小孩，從小要教導他，想要做什麼之前都要先得到大人的允許，也就是要先問大人可不可以做？不能在沒有得到大人的同意前就直接去做！

你要教會顯示者小孩最重要的事情之一，就是學會請求允許，讓他知道：如果他請求允許，就能做他想要做的事情，這對顯示者小孩來說是非常重要的事情。

因此，你必須教導他們要有禮貌，當他們想做一些事情前，有禮貌的向周圍的人請求允許。讓他們從小學會好的行爲。當一個有禮貌的小孩，以適合的行爲向大人請求允許時，將會大大的增加獲得同意的機會，如此一來，就可以讓顯示者小孩去做他想做的事情。

要盡可能允許顯示者小孩的請求

因爲顯示者小孩的策略是請求允許，在做任何事情前，要先去問父母可不可以去做，如果父母同意了，顯示者小孩可以順利去做他想做的事情，就會覺得開心，下次又想做另一件事情之前，自然又會來問父母，如果又能得到父母的允許，再次又可以去做他想做的事情，慢慢的就會養成「請求允許」的習慣。

當每一次的請求允許，都能得到好結果，正向的回饋創造出正向的好結果，並且跟父母慢慢建立起良好的互動關係，顯示者小孩就會對「請求允許」這個策略越來越覺得自然，在做任何決定、任何行動之前都會先「請求允許」，他就會健康的成長。因此建議顯示者的父母盡可能接受顯示者小孩的「請求允許」！

拒絕時，要盡可能跟顯示者小孩說明清楚

即使父母想盡可能答應顯示者小孩的每一次請求，但也不可能盲目的每件事情都答應，這樣就變成溺愛小孩了。不過要拒絕顯示者小孩的請求時，記得一定要解釋清楚，讓顯示者小孩澈底明白被拒絕的原因，讓他不會對這次的拒絕感到憤怒。

譬如顯示者小孩在下雨天時問：「我可以去公園玩嗎？」父母一定會說：「不行！」但顯示小孩就會問：「爲什麼不行？」父母說：「因爲下雨時很容易跌倒，被雨淋濕後會感冒。」顯示者小孩就會說：「我才不會跌倒！」

如果父母可以好好跟他解釋，說下雨後地面會濕，你的鞋子踩在濕的地面可能會滑，甚至拿傘帶他出去驗證他的鞋子會滑，讓他驗證在雨中確實容易滑倒，他才能夠明白你的解釋。

當顯示者接受了你的詳細說明，明白了你不是不合理的拒絕他，知道你是爲他好，就不會感覺到被控制，也就不會覺得憤怒了，這樣他下次行動前，還是會繼續

來向你「請求允許」。

假設父母常常拒絕顯示者小孩的請求，又不解釋清楚，直接說：「不行就是不行！」顯示者小孩就會很憤怒，在經過一次、兩次、三次……長期下來之後，這小孩就厭倦了，不會再向父母請求允許，而是想做什麼就直接去做了，而後跟父母的關係就會越來越緊張。

人類圖這個知識是要給小孩的，目標是讓每一個小孩能從小就正確的成長、正確的被對待，讓每個小孩都能正確的活出他們的本性，活出對他們而言正確的人生，不要受到不適合他們的制約，不要長成不適合他們的樣子。

顯示者要學習面對拒絕

因爲顯示者小孩在主動發起、做想做的事情前，要先「請求允許」，父母可能同意，可能不同意，所以顯示者從小必須學習面對「被拒絕」。

這一點跟其他類型的人非常不一樣，其他類型的人是來成爲「拒絕別人的人」，譬如生產者要等待回應，透過薦骨回應Yes或No來選擇「接受」或「拒絕」；投射者等待被邀請，然後再選擇「接受」或「拒絕」，反映者則是經歷二十八天後做出決定。所以其他類型的人，在運用他們的策略時，有時是成爲「拒絕」別人的人。

但顯示者小孩想做一件事情，他去「請求允許」後，要面對有可能會被拒絕的風險，而「被拒絕」總是一件令人不舒服的事情，因爲「拒絕」會讓人產生一種被否定的感覺，也會產生自我價值被貶低的感覺。

顯示者可能會因爲「被拒絕」而覺得憤怒，如果顯示者非常想做這件事情，持續向父母「請求允許」，父母持續拒絕，顯示者就更憤怒，他繼續堅持，父母繼續拒絕，一直到最後，最壞的情況是父母有可能會處罰顯示者，讓顯示者不要再想這件事了。（但是，「堅持到底」、「若要如何，全憑自己」這不是好的特質嗎？爲什麼小顯示者在展現自己的特質時會被處罰呢？），如果經過認眞努力爭取後，卻還是沒有得到好結果，顯示者可能就會開始退縮了。

這是阻礙顯示者「請求允許」或「告知」的原因，因爲他們害怕被拒絕，他們不想一次又一次遭受失望，不想面對「被拒絕」，每次被拒絕後，他們就會更生氣、更憤怒，他們眞的不想面對拒絕。

但顯示者必須學習如何面對被拒絕，因爲就算你是一個健康的顯示者，當你想主動發起做一件事情，「請求允許」或「告知」了，並不代表別人就會接受，你想做的這件事情就一定會順利的進行，你還是可能會被拒絕。

就算這件事情順利完成了，下一次你要發起另一件新事情時，還是有可能會被拒絕，所以如何面對拒絕是顯示者很重要的課題，因爲只要你想主動發起，就有可能被拒絕，顯示者要學習如何面對拒絕。

當然有一個方法可以讓顯示者不用面對拒絕，就是不要再「主動發起」了，只要他不主動發起，自然就不會被拒絕，也不用面對被拒絕的痛苦。但是如果一個顯示者因爲害怕被拒絕，從此不再主動發起，那麼他也就不可能活出顯示者的本性了。

顯示者要學習如何面對拒絕，知道「被拒絕」是一件正常的事情，並試圖讓想要「主動發起」的企圖心，大過於對「被拒絕」的恐懼，讓自己不會擔心「被拒絕」，勇敢的主動發起。

顯示者要培養勇氣

要想成爲一個成功的顯示者，重要的關鍵是要有勇氣。因爲顯示者想要發揮影響力，一定要主動發起，採取行動。然後可能會面對兩種結果：一種是順利進行，第二種是被拒絕。

顯示者必須面對被拒絕的可能，所以必須要有勇氣，如果顯示者對自己沒有信心，如果顯示者認爲自己沒有價值，如果顯示者認爲自己沒有足夠的力量，認爲自己無法面對拒絕，就無法去對抗別人的想法和言論，就不會「主動發起」，也就無法眞正的去過顯示者的人生。

如果你是顯示者，你想要什麼樣的工作，你就要有勇氣去敲開對方公司的門，告訴他們你想去他們公司上班；你想要跟什麼樣的人在一起，必須有勇氣去對他／她說，我想和你在一起。一個顯示者想要什麼樣的人生，都取決於顯示者自己身上，這需要很大的勇氣，這是顯示者活出自己的唯一方式。

顯示者必須是那個主動提出要求的人，即便是這麼做，可能會在心理上、情感上面對挑戰與拒絕的風險。所以顯示者必須要勇敢，當你勇敢提出要求時，你是在活出自己的本性，你正在做對你而言正確的事！

成人顯示者的策略：告知

長大以後，成年顯示者的策略不是「請求允許」，而是轉變成「告知」，告知周圍的人你將要做什麼事，「告知」並不是要得到他們的允許，只是透過「告知」讓周圍的人事先知道你要做什麼事。

所有策略的目的都是在「消除阻力與抗拒」，讓你想要做的事、讓你的決定能順利執行，所以顯示者「告知」的目的也是在消除抗拒。當顯示者執行他的策略「告知」時，就可以看到他的行爲不再受到周圍人的抵抗，而是得到他們的支持。這是策略所帶來的好處。

只要顯示者沒有事先告知其他人他將要做什麼，其他人就會感到不滿或憤慨，顯示者就會因此受到抵抗或處罰。譬如小顯示者沒向父母請求允許就跑去公園玩，被父母發現後可能就會被處罰。

同樣的情況也會發生在成年顯示者身上，譬如顯示者先生跟小嬰兒在客廳，太太在廚房煮飯，顯示者先生想去便利商店買東西，他就站起來直接開門出去了，一段時間後小嬰兒突然哭了起來，太太認為先生在客廳，應該會去照顧小嬰兒，就繼續煮飯，但小嬰兒越哭越大聲，一直到太太受不了，跑到客廳一看，發現先生不見了，只有小嬰兒一個人在客廳哭泣，此時太太一定會火冒三丈。

等到先生回來，太太一定會質問先生去哪裡了？他出門為什麼不跟太太說一聲？剛才小嬰兒大哭，她又要煮飯，根本是手忙腳亂，接著兩個人可能會開始爭執、吵架。這就是因為顯示者沒有告知。

如果顯示者先生能夠在出門前，先去告訴太太他要去便利商店買東西，太太便可以把小嬰兒推到她附近以便隨時照顧，或者先暫停煮飯，等先生回來後再繼續煮飯，如何一來事情就會順利了。

工作也是一樣，一個顯示者在工作中發生了一些問題，被老闆痛罵一頓，顯示者不想做這工作了，就摔門離開了，隔天就不去上班了，他覺得他不去上班就代表他已經離職了！

但老闆在第二天上班時沒看到顯示者，可能就開始不高興了，因爲還有很多事情等著顯示者處理，他怎麼沒來上班？打電話去問顯示者，卻聽到顯示者說他不想做了，他離職了，老闆可能就更火大！怎麼事情都沒處理好就離職了！

這種沒有「告知」周圍的人就直接離職將會造成公司同事的困擾。這不只是影響到老闆而已，還會影響到周圍的同事，其他同事可能要臨時幫忙處理顯示者留下的工作，周圍的人就會憤怒對他說：「你怎麼不告訴我你要離職呢？」

反之，如果顯示者執行他的策略，做任何決定前先告知跟這決定有關的相關人等，他可以走進老闆的辦公室，告訴老闆：「我受夠了，我要離職！」然後他就可以離開了。老闆收到他的告知，便可以安排讓其他員工負責他的工作。

甚至如果他在午餐或休息時間，跟同事說：「我受夠這家公司了，我要離職了！」可能同事中的某些人還會支持他，說：「這樣很好，這工作不適合你，辭職對你是好事！」

透過「告知」，就可以消除周圍的抗拒，甚至因此得到盟友的支持，讓顯示者想要做的事情能順利進行。

告知？我要告知什麼？

雖然顯示者知道了自己的策略是告知，但是有些顯示者會搞不清楚自己到底要告知什麼？要跟誰告知？

我曾對一個憤怒的顯示者說，因爲顯示者是很有影響力的人，所以做任何決定之前，都要告知跟這決定有關的人，譬如你要出差時，在事先就要先跟家人告知。

他就很納悶的看著我說：「出差是我自己的事，跟家人有什麼關係？爲什麼要跟家人告知？」

我進一步解釋：「因爲家人平時的作息是固定的，如果你突然早出門可能會打擾到家人，也可能你沒有跟家人說要出差就幾天沒回家，家人可能會擔心你發生什麼問題。」然後他就很狐疑的看著我，持續的說出差是他一個人的事，跟其他人沒有關係呀！

我突然就明白了，可能在旁人眼中覺得跟這顯示者有關，希望顯示者能告知的事情有一百件，但顯示者只覺得大概只有三十件事跟其他人有關，剩下的七十件事情因爲不關別人的事，跟別人沒有關係，所以根本不需要告知。而這沒告知的七十件事，可能會導致周圍人的不安，導致顯示者遇到抗拒，最後產生憤怒。

因此我會建議顯示者們，可以練習跟周圍的人討論，問周圍的人有哪些事情是他們希望顯示者能事前告知的？即便顯示者覺得這些小事眞的與其他人無關，眞的不關周圍人的事，可是如果旁人覺得這決定會影響到他們，他們希望能被先告知，顯示者還是要練習先告知，才能得到周圍人的支持。

顯示者的告知不用告訴全世界，也不用告訴所有人你要做的每一件事情，但是顯示者要開始了解自己的影響力，你做的事情、造成的結果、產生的影響、影響的人可能會比你想像的多得多，當顯示者開始理解自己的力量與產生的後果，開始練習告知，讓其他人知道發生了什麼事，將會跟其他人開始建立起信任的連結。

因為缺少耐心而不想告知

四種類型中，顯示者是最沒耐心的設計，也是最急、最快的設計。因爲顯示者心態很急、動作很快，這也導致他不想要告知，他心裡會認爲，與其要花這些時間來跟周圍的人告知自己要做什麼，不如省下這些時間，有這些時間已經可以把事情做完了。

但是不事先告知的結果，可能導致周遭人的抗拒，造成自己的憤怒。收拾殘局的時間，可能遠遠多過於當初告知別人所需要的時間，所以建議顯示者，即使你很急，很想馬上就開始行動，但是事前告知跟這決定有關的人，將可以省掉很多事後的麻煩。

顯示者內心的疑問：我會被回答嗎？

每一種類型的內心都有一個特別的問題，他們會對這個問題感到擔心、感到焦慮，也可能因爲這個問題的影響，導致他們不去執行他們的策略。

顯示者的問題是：我會被回答嗎？因爲顯示者的策略是告知，但他們會擔心，當他們告知時，如果別人拒絕怎麼辦？別人不喜歡怎麼辦？

因爲顯示者是可以獨立做事情的人，不需要別人，自己一個人就能發起行動，因此會覺得，與其告知別人，如果別人表達反對或不喜歡，只會造成自己困擾而已，不如就不要告訴別人，我自己去做就好了，反正又不關他們的事！

但就是因爲這樣的想法，導致顯示者不想告知，但如果他不告知跟他決定有關的相關人等，反而會受到這些人的抗拒，增加了許多的阻力。

所以顯示者必須要有勇氣，去面對別人可能會不喜歡、不認同顯示者告知的事情，並且堅定的告知別人，自己將要做什麼事，採取什麼行動，做什麼樣的決定，這樣才能發揮顯示者眞正的影響力。

顯示者與睡眠

要成爲一個健康的顯示者，睡眠是非常重要的事情。

從人類圖的觀點，建議每一個人最好都能夠自己一個人睡，因爲這樣才能好好的休息，如果你睡覺的時候有其他的人在你的旁邊，兩個人的能量場就會相互影響，因此你就無法好好的休息。

顯示者的薦骨中心是空白的，很容易陷入空白薦骨中心的不知節制，如果顯示者一直到很累了才上床睡覺，可能都已經過勞了。因此顯示者要在筋疲力竭前，在眞正累之前就要先躺到床去，可以做點事情，看書、聽音樂……等，讓自己放鬆，讓自己慢慢的進入睡眠狀態。

自己一個人睡，跟愛、性、親密沒有關係，只是要讓你處於自己的能量場中好好休息而已，這對每一個人的長期健康是非常重要的。

人類圖的知識需要實踐

人類圖是一套全新的知識理論，當你剛接觸到人類圖時，可能會被它豐富的知識所吸引，覺得它對你設計的描述都很準確，覺得人類圖裡講的都是對的！不過我建議你不要一開始就對這個知識盲目接受、全盤吸收，甚至把它奉爲眞理。

但是我會強烈建議你去實驗人類圖的策略，去觀察結果會如何？顯示者可以練習，相同一件事情，沒有按照策略直接去做所得到的結果，跟按照策略的方式，先告知後再去做所得到的結果，兩者之間有什麼不同？

譬如，有一個剛畢業的顯示者在第一份工作沒多久，因爲不開心就離職了，被父母發現後，父母就很生氣的責罵他。顯示者就覺得很憤怒，認為工作是我自己的事情，我不喜歡我的工作，所以我想要離職，關你們什麼事？你們為什麼要罵我？這顯示者就一直很憤怒。

父母會責罵顯示者，是擔心這小孩，不知道他發生了什麼事？為什麼工作沒多久就離職？然後擔心顯示者如果沒有工作，就沒有收入，以後如何生活？

雖然顯示者自認為工作是他自己的事情，離職也是他自己的事情，跟別人無關，可是因為是一家人，顯示者的決定一定會影響父母或其他兄弟姊妹。之後這個顯示者就與父母產生緊張的關係。

後來他又找了一份工作，但是做沒多久又想離職了。不過因為在這段時間裡他學習了人類圖，知道自己的策略是在做決定前要先「告知」相關人等，所以這次他就先去跟父母說他想要離職，沒有像上次一樣先斬後奏。

本來以為他跟父母說要離職之後，一定又會被臭罵一頓，說他沒有定性，一直換工作很不好……等，沒想到父母聽完後，只是淡淡說了一聲：「你想清楚就好了！」父母平靜的反應，反而讓顯示者很驚訝。

這就是告知的威力，當顯示者在做出決定前，先告知跟這個決定有關的相關人等，讓大家知道了顯示者將要做什麼事，這就會消除其他人的阻力與抗拒，顯示者也會覺得平和，然後去進行他決定要做的事。

所以對這個顯示者而言，沒有運用自己的策略直接就辭職了，得到的結果是父母的責罵、自己的憤怒、緊張的關係。但是運用了自己的策略先「告知」，父母就平靜的接受，自己也能輕鬆的去遞辭呈，這是很明顯的差異。

顯示者如何找到適合自己的工作？

顯示者來這世界的目的是要發揮自己的影響力，因此能夠發揮顯示者影響力的工作，就是適合顯示者的工作。

譬如說，有的顯示者想要幫助弱勢團體，覺得可以發揮影響力在照顧弱勢團體，可以影響其他人來捐款，可以影響更多人來投入關懷弱勢團體。他便可以加入慈善機構，甚至自己成立慈善機構來發揮自己的影響力，讓弱勢團體得到更好的幫助，這樣的工作就是適合他的工作。

有的顯示者可能對人們的健康問題感興趣，想要周圍的人都可以擁有更健康的身體，可能對推廣運動有興趣，可能對減肥方式有興趣，可能對健康食品有興趣，因爲可以在工作中發揮他的影響力，影響更多人來關注健康，進而讓更多人的身體變得更健康，這樣的工作也是適合他的工作。

何謂發揮我的影響力？

在我接觸過的個案中，許多人對「發揮你的影響力」這句話還是感到困惑，無法理解是什麼意思？他們可能知道自己確實是有影響力，可以影響別人，但對於

「能發揮你影響力的工作，就是適合你的工作」這句話，他們無法把這句話跟工作連結起來。

我就會換一個問法：「假設你可以改變這個世界、改變某些事情，先不考慮資源、時間、可行性的話，你想改變什麼？」

有些人想一想之後，可能慢慢的就會說出：「我想讓我們的環境變得更乾淨！」「我想讓每個人都能活出自己！」「我想讓兩性平權的觀念更落實！」「我想讓更多人接觸、學習美的事物！」……等。

如果你是顯示者，你有一些想改變的事情，你想讓這世界有所不同，那麼你想改變的這些事情就可能是你可以發揮影響力的領域，你可以從事跟這些事情相關的工作，然後在工作中發揮你的影響力，讓你所在的環境、這個世界，慢慢的變成你想要的樣子，這種工作就是適合你的工作。

短跑型選手，爆發型的能量

顯示者跟生產者都是屬於能量類型，因為他們都擁有穩定運作、一直可以使用的能量。但是這兩者有差別，生產者擁有的是薦骨能量，薦骨能量是可以長時間使用的能量，而顯示者的能量比較像是爆發型的能量。

以運動來說，生產者就像是長跑選手，可以跑很長的時間，一直跑、一直跑。而顯示者則像是短跑選手，可以跑得很快、爆發力驚人，但是相對沒有持續力。

生產者可以從早到晚，持續性的、長時間的運用薦骨能量來工作，顯示者則比較適合短時間爆發性質的工作，譬如演講、簡報，拜訪客戶，亦即其工作的性質比較不適合從開始上班到下班都做同樣的事情，而比較適合一天中只有幾個主要的項目。讓顯示者可以在這幾個項目中展現爆發力，順利完成工作，這種工作方式比較適合顯示者。

要能自己作主

由於顯示者可以主動發起，而且顯示者不想被干擾，所以顯示者也比較不適合一個口令、一個動作的工作，這樣的工作會讓顯示者覺得自己被控制，沒有發揮的餘地。

所以顯示者適合的工作，最好是公司或老闆能夠給顯示者空間，譬如跟顯示者先訂定好：要達成什麼目標？需要多少時間？需要多少資源？然後放手讓顯示者自行決定要如何進行工作，到預計完成的時間點再來檢驗結果。

但是這可能需要先與老闆磨合一段時間、雙方建立起相互的信任之後才能達到。

如果顯示者一進公司就跟老闆說：「請你給我兩星期的時間，我會完成你交辦的任務！」然後老闆也真的就放手讓顯示者去做，等兩星期後再來檢驗成果。萬一兩個星期後，檢驗的時間到了，顯示者卻沒有完成任務，怎麼辦？

所以建議從小事情、短時間的項目開始進行，當顯示者都可以如期完成任務之後，老闆便可以開始給顯示者更大的空間，讓顯示者自行安排工作的進度，當顯示者可以按照自己的想法來做事情，不受別人控制時，這樣的工作比較適合顯示者。

不過，建議顯示者也要養成一個習慣，就是當事情不如預期，無法順利在計畫的時間點完成時，顯示者要主動「告知」老闆，讓老闆有機會可以協助來完成任務，否則等到檢驗的日期，老闆發現事情沒有完成，卻也沒有時間可以挽救了，這不只沒有完成工作，也將會破壞老闆對顯示者的信任。

給顯示者的職涯建議

一、活出自己比工作更重要

一般人開始工作的時間，可能是高中畢業後，或是大學畢業後才開始工作，所以可能是從十八歲或二十二歲左右，甚至更晚。

但是，在一個人開始工作前，他是否有正確的被教養長大？他是否正確的活出自己？他是否長成了他應有的樣子？基本上，如果一個人從小沒有正確的被對待，沒有以適合他的方式來教養他，大多數人可能很難成爲他應有的樣子。

就好比每個父母都「望子成龍、望女成鳳」，都用適合龍、鳳的方式來教養小孩，但對出生就不是龍、鳳的小孩，可能天生就是小狗、小貓、兔子，甚至獅子、老虎……等的小孩，由於都被要求成爲龍、鳳，在被訓練成爲龍、鳳的過程中，反而忽略了自己的本性。

如果不知道自己的本性，反而一直追求社會認爲最好的（如世人眼中龍、鳳所從事的工作），有可能一直努力卻都達不到，即使想盡辦法前進還是進展有限，最後只是讓自己感到失望而已。

大家可以思考一個問題，如果一個人沒有活出他的本性，他可以找到適合他的工作嗎？

在四種類型中，顯示者小孩可能是最不容易活出自己的本性，因爲大多數顯示者小孩的父母並不知道如何教養顯示者，導致許多顯示者在成長的過程中，並不了解自己顯示者的特質，也沒有活出顯示者的特性，對於「發揮自己的影響力」就會感到困惑。

二、先找回自己的本性

如果你剛剛接觸人類圖，對自己顯示者的特質還不是很清楚，建議你暫緩研究什麼是適合自己的工作，可以先研究顯示者的特質，試著先找回自己的本性。

你已經看完前面對於顯示者的介紹了，你覺得符合你的本性嗎？如果符合，表示你有活出自己的本性。你可以想想你的影響力是什麼？你想在哪些地方發揮你的影響力？

如果你覺得你好像不太符合顯示者的特性，你可以去看後面對於生產者、投射者的介紹，然後比較看看，你現在的狀態是比較像是顯示者、生產者還是投射者？如果你覺得自己比較像生產者，也不要把這樣的情況想成是一個問題或者是一種錯誤，這可能是因爲你的父母、周遭的人大多是生產者，你從小被他們影響，按照他們的方式長大而已。

透過人類圖這個工具的區分，如果你覺得你眞的不像顯示者，比較像生產者或投射者，這時你有兩種選擇，一種是如果你覺得現在的生活也不錯，工作也很好，那你還是可以選擇繼續跟以前一樣，繼續以生產者或投射者方式生活。因爲行得通的事情就繼續做，不見得一定要改變。

但如果你長期以來一直覺得自己好像哪裡不對勁，覺得好像有些地方怪怪的，但卻一直找不到原因，或許這是因爲你沒有活出自己的本性，所以才有這種卡卡的感覺，建議你可以試著開始練習以顯示者的方式生活，找回眞正的自己，就有可能讓那些不對勁的感覺消失，開始讓生活有「對」的感覺。

三、按照自己的策略來做決定

如果你想做回眞正的自己，想要活出顯示者的樣子，就是要開始練習用顯示者的策略來做決定，也就是你要開始練習「告知」。在你做任何決定之前，想想哪些人會跟這個決定有關，事先告知他們，然後再做出決定。

每當你「告知」相關人等後才做出決定，你就做出了一個適合你自己正確的決定，你就會越來越活出你自己，慢慢的，但最後會到達的，你會回到你原本被設計的樣子。

隨著當你回到你原本設計的樣子，你會成爲一個有影響力的顯示者，在這過程中，你可能開始會對某些事情產生興趣，或者想要改變某些事情。這些改變，將會帶領你找到能夠發揮你影響力的工作。

這不是一件可以快速達成的事情，它需要時間，因爲如果一個人沒有被適合他的方式所撫養長大，沒有正確的成長，他可能就不會活出他眞正的樣子，我們會說他被社會所制約。而大多數人都已經被制約了幾十年。在人類圖中我們常說去除制約的週期是七年，但也不是你七年後就能擺脫制約，做回你眞正的自己，有可能需要兩個週期、三個週期，也就是需要十四年、二十一年，甚至更長，所以說去制約是一條路，它不見得有個明確到達目標的終點，但走上這條路可以讓你更充滿愛、和平與喜悅。

不過也不是一定要等七年、十四年、二十一年，你才能找到適合自己的工作，有一句話叫「量變導致質變」！只要你開始練習用正確的方式作決定，開始活出眞正的自己，你就已經開始改變了，再經過一段時間後（每個人的時間長短可能都不一樣），你看待人、事、物的角度就會開始改變，而適合你的工作可能就會出現在你面前。

四、先衡量自己健康不健康，再來思考工作

從人類圖的觀點，我們鼓勵每個人活出自己，當你活出正確的自己時，自然會處在健康的狀態中，然後就會得到適合自己正確的工作。

如果你是一個顯示者，你可以先檢查自己的狀態，看看你現在是處於健康的狀態？還是處於不健康的狀態？如果你常常覺得平和，代表你現在很健康。如果你常常覺得很憤怒？那就代表你現在不健康。

如果你現在很健康、處在一個正確的狀態，你這時的工作狀態有兩種可能，第一種是它剛好是能發揮你影響力的工作，那麼你真的處在一個非常理想的狀態，你無須做任何改變，只要維持現況就好。

第二種情況是，你現在的工作跟你的影響力可能沒有什麼關係，但你還是活得很健康，表示你在生活中能夠順利的發揮你的影響力，可能是在你的家庭、社區、

社團……等這些領域，能發揮你的影響力，那麼你依然是一個健康的顯示者。

只要你活得很健康，即使現在的工作不是能發揮你影響力的工作，你還是可以繼續工作下去，因爲工作對顯示者不是最重要的事情，只要你活得很健康就好。

但是，你也可以考慮，是不是把你原有在生活上的影響力也能擴大到工作，開始思考有什麼工作是能發揮你的影響力？讓你不只在生活上發揮影響力，也能在工作中發揮影響力。

然後，建議你可以思考，你想要什麼樣的生活方式？你想維持現在的生活嗎？還是你想改變？因爲工作對顯示者不是最重要的事情，而如果你現在活得很健康，繼續維持現狀也很好，如果你想發揮更大的影響力到工作領域，那也很好。一切都由顯示者的你來決定。

如果你是一個顯示者，你常常感到憤怒，有可能你現在處在一個不健康的狀態，建議你先讓自己往健康的方向前進，再來尋找適合自己的工作。

五、先從不健康的狀態轉變回健康的狀態

你可以想想，你是不是在生活中、工作上，幾乎都不「告知」？或是你覺得自己想做什麼事都會被阻止、被干擾，所以你一直感覺憤怒？

從人類圖的角度，要如何從不健康的狀態轉變成健康的狀態，就是要開始練習用策略跟內在權威來做決定，對顯示者而言，最重要的就是要練習開始「告知」。

你可以跟周圍的朋友、家人聊聊，問問他們：「有沒有什麼事情是他們認爲你要告訴他們，但你卻沒有告訴他們的？」不管是大事、小事，從這些事情開始，下次又有類似的事情要發生前，你不要直接就去做，而是先告訴他們，然後再去做。

當你按照自己的策略，做決定之前先告知，請再觀察這樣的方式跟以前不告知就直接行動有什麼不同？

大多數顯示者練習告知之後，發現事情變順了，因爲透過告知降低了周圍人的

抗拒，讓顯示者想做的事情能順利執行，顯示者就不再會感到憤怒。當顯示者不再感覺憤怒，慢慢的從憤怒的狀態轉變成平和的狀態，就代表你從不健康的狀態慢慢轉變成健康的狀態了。

六、試著在行動前先練習「告知」

人類圖這個知識，是希望讓每個人能更了解自己，並了解自己的類型適合什麼樣的工作，進而達到自己與自己、自己與工作，能有更良好、更健康的關係，所以如果你不覺得自己健康也不覺得自己不健康，那就看你能不能接受現在的工作與生活？如果你覺得現在的生活、工作都不錯，你不一定要做改變，維持現況也可以。

但如果你想要讓自己變得健康一點，想要開始發揮自己的影響力，建議你可以多練習「告知」，試著在你做任何決定、行動之前，先「告知」跟這決定有關的人，然後再去做，練習一段時間後，看看有什麼變化？

七、勇敢揮灑自己的才能，不再隱藏

著名的「大衛雕像」是由米開朗基羅所完成的，他說了：「我只是把這顆石頭多餘的部分去除掉，讓原本就在這石頭裡面的大衛雕像展現出來而已。」

我覺得每個人都有屬於自己的獨特雕像，不過大多數人都還是處於石頭的樣貌，還不是雕像，如果你要繼續維持石頭的樣貌也沒問題，因爲沒有人規定人生一定要如何，只有你才能決定自己的人生。

但如果你想知道你的獨特雕像是什麼？你想活出眞正的自己，那麼建議從兩方面進行，一個是學習人類圖的知識，了解你自己的設計，知道自己擁有什麼才能，進而發揮這些才能，不要讓這些才能一直處在隱藏的狀態。

另一個是，練習做出正確的決定，開始按照你的策略跟內在權威來做決定，每當你做出一個正確的決定，你就會去掉了身上一些不必要的石頭，你接著再做出一個正確的決定，又再去掉了一些不屬於你的石頭，只要你持續做出正確的決定，你最終就能讓你的獨特雕像完美的展現出來。

顯示者的職場提問Q＆A

Q 我是顯示者，我要如何發揮我的影響力？

A 首先，你要「說到做到」，因爲顯示者的喉嚨通到動力中心，表示顯示者說出來的話，背後有能量在推動，你有能量去完成你說的事，當其他人看到顯示者不管對於任何事，只要說出來後就一定會做到，這會建立別人對顯示者的信任，顯示者就會成爲一個積極、正面的模範，便能開始發揮自己的影響力。

積極「主動發起」，當大家還在等待時，顯示者可以直接站起身開始做事情，這樣的行爲會影響周圍還在等待的人，大家就會跟著顯示者做同樣的事情。但記得主動發起前要先「告知」。但並不是對任何事都要主動發起，建議顯示者要把主動發起的事情，聚焦在自己想要發揮影響力的領域，這樣才有效率。

再者，提升自己的溝通技巧。因爲顯示者說的話是很有力量的（喉嚨接到動力中心），如果顯示者口才很好、具有良好的溝通技巧，將更能發揮自己的影響力。

主動參與團體活動，因爲在團體中透過與人互動，你才有機會可以發揮你的影響力，有機會的話，儘量爭取當領導者，這樣更能發揮自己的影響力。

做任何決定之前，一定要先告知跟這個決定有關的相關人等。

Q 身為顯示者，我感覺自己比較喜歡獨力作業，但偏偏工作上必須和團隊一起協力完成，有什麼與人共事的建議或提醒嗎？

A 因爲顯示者是四種類型中動作最快的，而且又能夠主動發起，自己一個人就可以把事情完成，所以有些顯示者會認爲，我與其花時間去跟其他人告知，不如我利用這個時間，早就已經把事情完成了，這是許多顯示者的想法，導致顯示者不太想跟別人一起做事。

但是顯示者來這世界的目的是要發揮自己的影響力，如果都只是自己一個人單打獨鬥，發揮的影響力就比較有限，因此顯示者要學習與其他人合作，透過影響其他人，讓自己的影響力能倍數的擴大。

顯示者喜歡的工作方式是：主管先跟顯示者講清楚他的要求是什麼？需要顯示者在什麼時間內，達成什麼目標，也就是把人、時、事、地、物都說清楚，譬如說兩星期內去拜訪三十家公司的採購部門，跟他們介紹公司的新產品，目標是獲得五家有購買意願的客戶。

當主管講完需求後，就放手讓顯示者去做事，中間不要打擾顯示者，等二星期後再來跟顯示者檢討成果。如果在這段時間內主管常常詢問顯示者進度如何？有沒有什麼問題？需不需要幫忙？這並不會讓顯示者覺得主管在支持他，反而顯示者會感覺自己一直被打擾。

如果顯示者必須要跟同事一起協力完成工作，那顯示者最好先跟同事告知，自己想要怎麼做事情，自己的想法是什麼，在開始行動之前先「告知」同事。

即使是一些小細節，不要認爲別人應該都知道，而沒有講，自己就跑去做了。

就像有一個社團要辦成果發表會，社團內一個顯示者知道了這件事，就自己跑去租了個場地，聯絡好舞台布置廠商及音響廠商，然後再跟社團其他人說這件事，顯示者本以爲自己都已經幫大家把事情處理好了，大家應該很開心吧！

結果顯示者做的事情造成所有人的驚嚇跟憤怒，因爲要租多大的場地，如何布置，需要多少費用……這些事情大家都還沒開會討論，還沒有定案，顯示者就自己擅自作主決定了這些事情，造成了社團所有人的困擾。

所以在工作中，如果顯示者所做的事情會影響到其他人時，一定要事前「告知」，不能事後「通知」。

Q 聽說顯示者在團隊中最適合擔任領導者，這是真的嗎？

A 首先釐清一個觀念，並不是只有顯示者才能擔任領導者，其實每一種類型只要能活出自己，都有機會可以成為領導者。

但如果從四種類型的策略來說，其他三種類型都要等待，生產者要等待回應，投射者等待被邀請，反映者等二十八天後再做決定。只有顯示者是唯一不需等待的類型，可以「主動發起」，主動發起的特質便很像是領導者的特質。

譬如一群人坐在房間裡，大家都不知道要做什麼事，要去哪裡？全都安靜的坐著。這時如果有其他三種類型的人主動站起來說：「我們來做點什麼事吧！」因為這不符合他們的策略，所以會遭到抗拒，他說出來的話、想做的事就沒有被接受。

但如果是顯示者站起來，告訴大家：「我們來做什麼吧！」因爲符合顯示者的策略，不會遇到抗拒，所有人就會按照顯示者所說的去做，這時的顯示者就像是大家的領導者一樣。

而且顯示者是很有影響力的設計，他說出來的話，很容易影響其他人。所以顯示者能夠主動發起，可以在大家還在等待的時候就挺身而出，透過「告知」讓大家知道他要做什麼事，接著其他人就會跟隨著他前進，這樣的特質，確實容易讓人覺得他們適合當領導者。

但是記得：「主動發起」不是顯示者的策略，顯示者的策略是「告知」，顯示者要在主動發起前告知跟這決定有關的人，這樣就不會遇到抗拒。

Q 身為主管的我，照理來說應該能發揮顯示者的影響力，但為什麼我常常在主動發起（發號施令）時，部屬們都不太理我？

A 這個問題可能需要更多具體事件的描述，要有更多的資訊後，才能有正確答案。但純粹就問題來回答，首先要釐清一件事，你原來就是這個部門的成員，後來因爲表現良好，所以才被提升爲主管嗎？

因爲顯示者有「說到做到」的能力，所以如果你以前就做過這個部門的工作，並且表現良好，你有許多成功的經驗，那麼你針對工作內容來發號施令，其他人應該會聽你的才對。

但如果你原來在財務部門工作，突然被調到業務部門當主管，你對許多業務還不熟，你主動發起想做的事情，部屬可能認爲並不恰當，所以就不會理你。

第二，有可能跟你主動發起時的用語有關，因爲有時顯示者爲了展現禮貌，所以會用詢問的說法，譬如：「大家今天晚上留下來加班好嗎？」

這樣的用語方式並不恰當，因爲當你用詢問的方式，那麼決定權在誰身上？是你還是部屬？答案是「部屬」，因爲部屬可以說：「我不想！」由於你是用詢問的方式，所以當對方拒絕你之後，你就會不知道怎麼辦。

建議顯示者告知時要用肯定句，像是：「今天晚上大家都要留下來加班！」可能有人晚上有事，所以說：「不行！」但你還是繼續說：「大家晚上都要留下來加班！有事情的人自行想辦法排開！」顯示者是要影響別人，不是要受別人影響的，如果一直都受到別人的影響，顯示者就無法發揮自己的影響力了。

還有，「主動發起」不是顯示者的策略，「告知」才是，所以顯示者不能在接近下班時間突然「主動發起」，叫大家晚上要留下來加班，而是當他想要做這個決定之前，事先就「告知」大家：「因爲案子交件的時間提前了，我們的進度有點落後，如果下班前無法趕上進度，今天晚上大家就要留下來加班！」

另外還有一個可能，就是你太注重人際關係，你想要大家都喜歡你，所以當有人反對你的意見時，你不會強硬推動你主動發起的事情，因爲你想要維持團隊的和諧，你不會堅持你的想法，長久下來，部屬漸漸就不重視你說的話了。

不然照理說，主管本身就有權力，顯示者又有影響力，只要你的主動發起（但注意必須事先告知）是跟工作有關的事情，你的下屬應該都會接受才對。

Q 我是顯示者，我不知道自己的影響力在哪裡？我該如何在職場上找到自己的影響力？

A 關於顯示者的影響力，我覺得可以用射箭跟靶來說明。就好比當你要射箭時，你需要有一個靶，不管這個靶是遠是近，是大是小，你需要有一個靶，讓你射箭時，可以瞄準這個靶來射箭。而且每次箭射出去之後，可能命中，也可能沒命中，但是你可以從是否有命中紅心，或者偏離目標，從每次射箭的結果，來作爲下次射箭時的修正，讓你可以越射越準。

但是，如果你沒有靶的話，要如何射箭呢？你就會產生不知道要往哪裡射的困擾？而且射出去之後，到底射得好，還是射不好，無法判斷。

所以對顯示者來說，要發揮自己的影響力，首先要知道你想要把自己的影響力運用到什麼地方？要先知道自己的「靶」是什麼？

如果你不知道自己的影響力在哪裡？有可能就是你還不知道想要對什麼人、事、物造成影響，你現在還沒有「靶」。

建議你可以做個練習，玩一個腦力激盪的遊戲，首先放輕鬆，然後試圖去想像，「如果你可以改變這個世界，不管是任何事情，不考慮資源、可能性，先不要有任何預設立場，你想改變什麼？」

你的答案可能是，「我想讓世界和平。」「我想要每個人都能活出自己。」「我想讓每個小孩都快樂的學習成長。」不管你的答案是什麼，這些你想改變的事情，就有可能是你可以發揮你影響力的地方。這些事情，就可能會是你的「靶」，你就可以把箭往這些地方射去！

要如何在職場上找到自己的影響力？其實可以換一個說法，「能發揮顯示者影響力的工作，才是適合顯示者的工作。」所以建議顯示者要先知道自己想要在哪個領域發揮影響力、改變世界，然後再去找相對應的工作，當你在做這工作時，你就是在發揮你的影響力了。

簡言之，如何在職場找到自己的影響力？答案有以下幾點：

1. 首先，你要知道自己工作上、職場上擅長什麼？什麼是你的強項，你在什麼事情上可以創造好的結果？因爲當你創造出好結果，你表現良好時，你就會有影響力。

2. 提升自己的專業能力，你在工作上越專業，越能發揮你的影響力。

3. 訓練自己的表達能力，顯示者所說的話本身就很有力量，如果你又有良好的表達能力，將會如虎添翼。

4. 積極參與公司、工作、職場上的活動，譬如福委會、專案小組、社團……等，讓你有機會除了自身工作的表現外，還有機會展現其他的才能。

5. 在小組活動時儘量主動擔任領導的角色，練習發揮你的影響力。

Q 聽說顯示者天生同理心較弱，比較自我中心，這是真的嗎？我覺得自己在人際上還滿高敏感的呀？

A 假設一個顯示者想要發揮他的影響力，讓地球這個環境變得更乾淨，所以他號召大家一起去海邊撿垃圾，讓沙灘變得更乾淨。但是他的朋友說：「不要啦，天氣太熱了，我不喜歡曬太陽，我們去處理資源回收怎麼樣？」

如果顯示者有很強的同理心，理解對方不喜歡曬太陽，他有可能反過來被對方影響，去做對方想做的事情，而不是完成顯示者自己想要做的事情。

若顯示者想要發揮他的影響力時，他當然是以自我爲中心，帶領大家跟著他走，這時他也可能會比較沒有同理心，因爲他會以他想要做的事情爲主。

再從顯示者的能量場來說，由於是封閉的能量場，自然比較不容易感受到別人的能量場，所以若從能量場的角度來說，顯示者的同理心確實會比其他類型者弱。

但這並不代表顯示者就一定沒有同理心，不同的顯示者會有許多不同的設計，有些顯示者可能也是一個有同理心的人，也有可能是一個很敏感的人。

3

生產者

生產者是什麼意思？Generate是生產的意思，所以Generator就是專門從事生產的人。透過工作來生產、建造是他們最重要的任務。

而生產者在所有人口中占了七〇%，是所有類型中人數最多的。

什麼樣的設計是生產者呢？很簡單，只要一個人的薦骨中心是有顏色的，就是生產者，不管其他中心有顏色或沒顏色，都一定是生產者。生產者又可以分成兩種：顯示生產者和純生產者，兩者的差別會在後面介紹，我們先來介紹生產者及薦骨的特性。

生產者就像是一直在運作的機器一樣，擁有能夠持續生產的能量，因此生產者來到這世界的目的就是不斷的生產。我們會開玩笑說生產者是「工人」，他們建造了這個世界，這世界所有的文明、社會，一切的一切，大多數都是由生產者所建造出來的。

生產者的能量場

生產者的能量場，是一種開放、籠罩（包圍、包住）的能量場。開放就是沒有限制，不會有東西擋住，可以接受任何的東西。籠罩的意思是，他會把在他能量場內的東西都包進來，像是擁抱能量場中的所有東西一樣，這種開放、籠罩的能量場，目的是爲了讓薦骨可以「回應」在這能量場裡的所有事物。

當一個生產者處於健康的狀態下，他不用主動說什麼、主動做什麼，他的能量場就會把對他而言正確的人、事、物自動吸引到他的能量場裡，讓他能對這些正確的人、事、物做出「回應」。

強大的薦骨能量

薦骨擁有強大的能量，我們常會把薦骨比喻成電池、引擎、馬達。這個電池早上起來就充滿電，然後開始運作、消耗能量，這種消耗能量並不會感覺不舒服，也不是被動消極的消耗，它是很愉快的釋放薦骨的能量，像車子的引擎一樣一直在運轉，一直到晚上薦骨能量消耗完畢後，生產者便上床睡覺。

而後已經釋放完電量的電池便重新開始充電，到隔天起床後又充滿了電量，又可以開始嶄新一天的工作，繼續消耗電量，繼續生產，生產者就是靠著這強大的薦骨能量，生產出了所有的事物、並且建造了這個世界。

顯示生產者與純生產者的差別

生產者分成兩種，顯示生產者與純生產者。

形成顯示生產者的方式：1. 薦骨中心有顏色。2. 喉嚨中心接到四個動力中心（薦骨、意志力、情緒、根部）中的任何一個都可以（如圖6）。

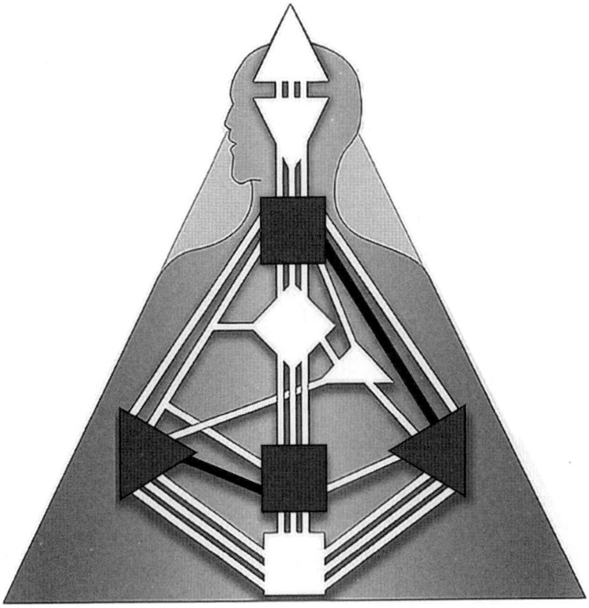

（薦骨有顏色，喉嚨接到情緒中心）

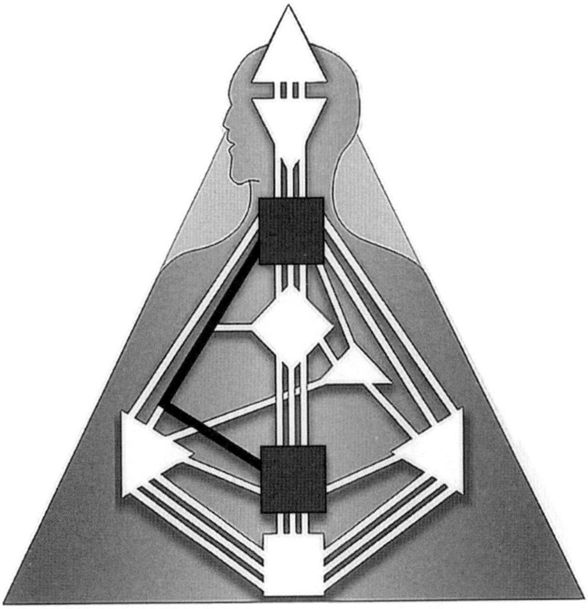

（薦骨有顏色，喉嚨接到薦骨中心）

圖6

顯示生產者就好像是生產者的設計加上顯示者的設計，就變成了顯示生產者。

顯示生產者是除顯示者外其他類型中，最覺得自己也能夠「主動發起」的類型，因爲顯示生產者就很像混到了顯示者的血液，因此覺得自己也應該能夠像顯示者一樣主動發起才對，不過一旦顯示生產者主動發起，卻總是會遇到挫折，因爲顯示生產者還是屬於生產者，不是顯示者。

顯示生產者無法像顯示者一樣主動發起

薦骨代表生殖、繁殖的能量，對於任何物種來說，繁殖、延續下一代的重要性大於其他所有一切事情！所以雖然顯示生產者有類似顯示者的設計，但是關於薦骨生殖、繁殖這個設計的重要性，還是大於顯示者設計的重要性，所以對顯示生產者來說，「等待回應」還是要比「主動發起」居於優先地位，顯示生產者還是要用生產者的策略「等待回應」，而無法像顯示者一樣能夠主動發起。

另外，顯示生產者的能量場是開放、籠罩的能量場，不像顯示者一樣是封閉、排斥的能量場，我們前面有提到要了解一個類型，要先了解他們的能量場，顯示生產者的能量場還是跟生產者一樣，而不是類似顯示者的能量場，因此顯示生產者還是不能主動發起。

形成純生產者的方式：1. 薦骨中心有顏色。2. 喉嚨中心可以有顏色，也可以空白。但如果喉嚨中心有顏色的話，一定不能接到任何一個動力中心（如圖7），因爲接到動力中心就變成顯示生產者了。

顯示生產者與純生產者最大的差別是：顯示生產者追求「效率」，純生產者追求「完美」。

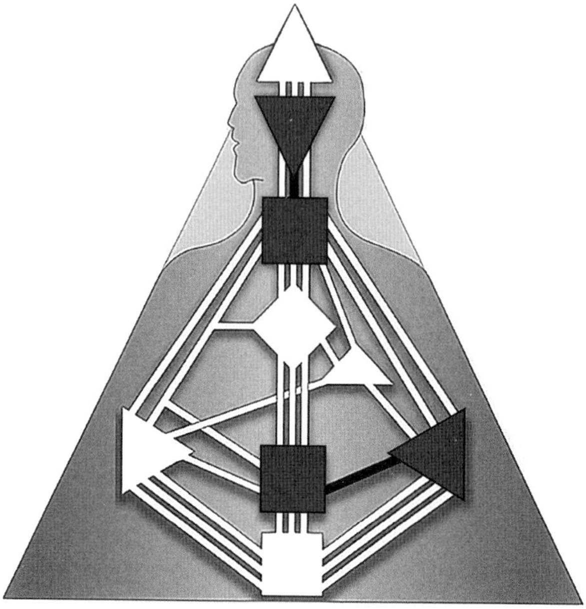

（薦骨有顏色，喉嚨也有顏色，但沒有接到動力中心）

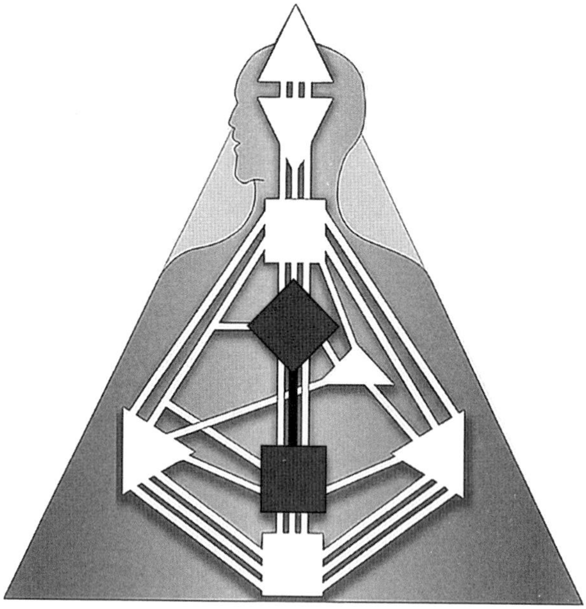

（薦骨有顏色，喉嚨沒顏色）

圖7

顯示生產者：追求效率

如果一件事情要從A點到B點，它的流程可能是從1走到2、3、4、5、6、7，顯示生產者爲了效率，可能會跳過某些內容，或錯過一些細節，譬如跳過6，從5直接到7，這樣他就能更快的到達最後的目標。顯示生產者總是想找出最快速的那條路。

但有時那些被錯過的細節是必要的，所以當顯示生產者快要到達終點時，發現那些錯過的細節很重要，因爲缺少了這些細節，他將無法到達終點、完成目標。這時候他必須要回頭再做一次，去完成這些細節。

如果顯示生產者是按照他的「策略」開始做這件事，是透過「薦骨回應」來做這件事，就是「正確的進入這件事」，那麼這時候他會有能量回頭去完成那些被錯過的細節，最後到達終點、完成目標，獲得滿足感，這也是他們正確的操作方式。

但如果顯示生產者沒有按照他的策略，而是「主動發起」做一件事，當他快到達終點，卻發現錯過一些細節，導致他要再來一次時，因爲沒有按照自己的「策略」，就是「不正確的進入這件事」，他就沒有能量可以回去再做一次，這時他可能就會放棄這件事，也就無法到達終點、完成目標，因此就產生了挫敗感。

因爲顯示生產者追求「效率」，所以動作很快，顯示生產者的想法常常是「先求有、再求好」，先把事情做出來，之後有機會再慢慢修正，速度快是顯示生產者的優點，但有時會因爲追求快而漏掉了一些細節，這是顯示生產者要注意的地方。

純生產者：追求完美

純生產者追求「完美」，凡事一步一腳印，走穩了第一步，對第一步打下了扎實的基礎後，才能再走第二步，所以純生產者的想法是「先求好、再求有」，每件事情一定非要做到完美不可，這樣他才能去做下一件事情，這是純生產者的優點，但缺點就是跟顯示生產者比起來，動作會比較慢。

純生產者的成長曲線就像階梯一樣（如圖8），一步一步往前走，每一步他都想做到最好、做到完美，他會專注的一直做、一直做，當他到達某一個點時，無法再前進了，遇到瓶頸了，前面像是有一道牆擋住了他，就會覺得自己「卡住」了。

這是所有純生產者都會遇到的狀況，覺得「卡住」了，但這時事情還沒完成，還沒達到目標，它會產生兩種狀況。

第一種狀況是，如果這個純生產者是正確的進入這件事情，是透過「薦骨回應」來決定做這件事情，當他到達「卡住」的這個點時，因爲是正確的進入這件事情，這時候他會有能量繼續做這件事情，讓他試

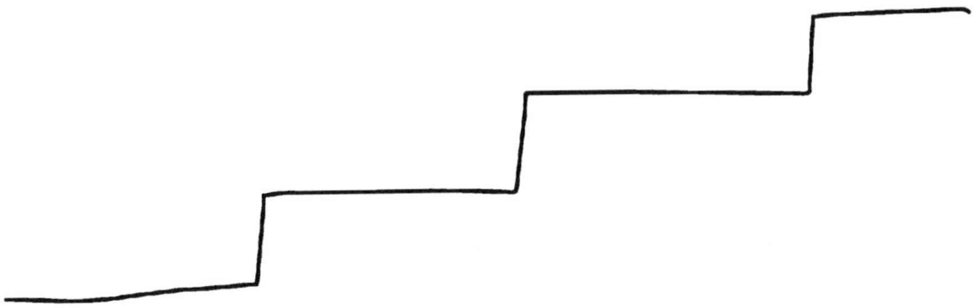

圖8

圖再往前一步，然後當累積到某一個程度後，他就突破了，就向上移動，進入下一個層次。

如果你是純生產者，你正確的（透過薦骨回應）做一件事情，你一直做、一直做，然後當你覺得卡住的時候，恭喜你，你已經到達一個很接近突破的位置，你即將要進入下一個層次了。這時候，你要耐住性子，繼續堅持下去，這時候就像是黎明前的黑暗一樣，再堅持一下，黎明就會到來。

第二種情況是，如果純生產者沒有正確的進入這件事情，他是「主動發起」來做這件事情，當他一直做著做著，到達「卡住」這個點時，因爲不是正確的進入這件事情，所以沒有能量讓他可以繼續做這件事情，這時候就會感覺到挫折，覺得自己無法完成這件事情，無法再繼續下去，最後就放棄了，並感到深深的挫敗感。

顯示生產者的「卡住」

顯示生產者在做事情時，有時候也會遇到「卡住」的狀態，當顯示生產者遇到「卡住」的狀態時，他不會想辦法在這「卡住」的地方繼續努力，而會覺得他完成了，或者這地方不重要吧！然後就跳過這個「卡住」的地方，前往下一個步驟。

也因爲他會跳過這「卡住」的地方，他的速度會比純生產者快，比純生產者有效率，但是當他即將到達終點時，可能會發現當時跳過的這一個「卡住」的點很重要，如果沒有解決這個「卡住」的點，整件事情就無法完成。

這時又回到前面說明的，如果這個顯示生產者是正確的進入這件事情，他就有能量讓他回頭去完成那一個「卡住」的點，最後到達終點，獲得滿足感。其實顯示生產者與純生產者沒有誰好誰壞，只是各有各的特點而已。

顯示生產者與純生產者各自的困難

顯示生產者因爲追求效率，所以動作很快，常常會跳過他認爲不重要的細節，希望能夠快一點達到目的地。譬如顯示生產者要去超市買東西，他會急急忙忙衝去超市，急急忙忙衝回家，然後發現牙膏忘了買，只好再去一趟超市，這樣造成的結果並沒有比較快、比較有效率。

所以顯示生產者的困難是：當快到達終點時，發現因爲忽略了之前一些重要的細節，導致要重來一次，因而放棄。

因此給顯示生產者的建議是：要學會列清單，將重要的細節一一列上，然後按照清單徹底執行，這樣才能眞正的有效率。

純生產者的成長曲線是像樓梯一樣，會先有一段很長的平行停滯期，然後快速向上突破，之後進入下一個很長的平行停滯期，接著再次突破。

會有停滯的原因是因爲純生產者追求完美，如果沒有達到完美，他就不能進入下一個階段，但也因爲這樣，這段停滯期可能會維持很久的時間，在這段停滯期裡感覺像是沒有任何進展，就像卡關一樣，無法突破，所以純生產者的困難是在經歷長期的停滯期後，一直沒有看到突破的可能，因而放棄。

所以給純生產者的建議是，如果你是正確的進入一件事情，當你覺得你卡關的時候，有可能就是你接近突破的時候，只要再堅持一下，可能就突破了。

如何衡量生產者是否活得健康？

有兩個有趣但非正式的方法可以衡量一個生產者健康或不健康，這裡說的健康不是指身體上的健康，而是有沒有活出自己的設計，如果有活出自己的設計就是健康，沒有活出自己的設計就是不健康。第一個方式是觀察入睡的情況，如果你是一個生產者，你睡覺的情況是一躺在枕頭上就睡著，還是要翻來覆去一段時間後才能睡著？

如果你是一躺在床上就睡著，恭喜你，你現在活得很健康。生產者的薦骨就像電池一樣，早上起床就充滿電，然後開始工作，透過工作消耗電量。如果一個生產者要睡覺時，頭一碰到枕頭就睡著，代表他那天的薦骨能量是完美的被使用完畢，對他而言也是完美的一天，隔天睡飽起來，電池再度充滿電，又可以繼續去工作，這樣的生產者是健康的生產者。

但如果一個生產者躺在床上要翻來覆去一段時間後才能入睡，代表他那一天的薦骨能量沒有在工作上被充分使用，如果下班之後也沒有透過運動把電量繼續用完，那麼到睡覺前就會剩餘太多電量，要在床上翻來覆去一段時間，等到沒電後才能睡著，這種狀態的生產者就是比較不健康的生產者。

第二個衡量的指標是：如果你中了樂透十億，你還會不會繼續工作？

生產者來這世界的目的是工作，透過工作來得到成就感、滿足感，所以若一個生產者回答：「就算我中了樂透十億，我還是會繼續工作！」那麼這個生產者是處於健康的狀態。通常十個生產者有九個都說「會」，因爲生產者眞的很喜歡工作！如果生產者說他中樂透十億就不工作的話，代表他很可能不喜歡現在的工作。

生產者健康的狀態：滿足感

一個生產者健康的狀態是感到滿足感。獲得滿足感對生產者來說是最重要的事情。如果你是一個生產者，你常常感到滿足，代表你現在很健康。

生產者如何達到健康的狀態？「只有當生產者的能量被正確使用時，他才知道什麼是屬於他的滿足感！」因爲這段話很重要，所以我們來仔細解釋這段話。

生產者要認識自己的能量

首先，對生產者來說，最重要的第一步就是要知道「自己的能量是什麼？」「自己擁有什麼樣的能量？」也就是說，生產者必須認識自己，了解自己是誰？自己有什麼才能，這樣才能專注於使用自己的能量來完成工作，並從中獲得滿足感，所以生產者要很清楚：「我是誰？」

「認識你自己」是刻在希臘德爾斐的阿波羅神廟的三句箴言之一，也是最有名的一句，從人類圖的角度，這句話主要是針對生產者的。

當然每種類型的人都需要認識自己，不過四種類型的人，看的方向不一樣。生產者是向內看，其他三種類型的人則對向外看比較感興趣，顯示者向外看，是要看到他如何影響別人？他有什麼樣的影響力？投射者向外看，是想要了解別人。投射者的設計是要協助別人成功，投射者對於了解其他人可能比了解自己更感興趣。反映者則是看向四周的環境，他們要了解自己與環境的關係。

「能量」指的是精神上或肉體上的力量、才能、能力，從人類圖的角度來說，可以是你的閘門、通道、中心、人生角色……等。譬如一個人擁有18號閘門，這個閘門代表「批評、找出錯誤」的能力，他可以運用這股能量來挑出文章的錯誤，或是找出產品的瑕疵，或是公共政策行不通的地方。這18號閘門的能力可以說是這個人的「能量」。

從通道來說，我們會說擁有11–56通道的人很擅長說故事，所以他可以把說故事這個才能用在生活上與人溝通，或是在工作上透過說故事來傳達訊息。11–56通道也可以說是這個人的能量。其他的中心、人生角色……等，都是每一個人獨特的設計與才能，這些都是他的能量。

透過人類圖，每個人都可以知道自己擁有哪些才能，哪些是屬於自己的能量，如此便有機會去使用這些能量，來獲得滿足感。

不了解自己的才能，就無法利用這些才能，也就可能會錯失很多機會。有人會形容人生就像打牌一樣，不管你拿到的牌是好是壞，都必須認眞面對。你能做的，就是把自己的牌打好，重點不在於是否一開始就拿到一副好牌，而是即使拿到一副爛牌，也可以把它打好，達到逆轉勝。

透過人類圖了解自己的能量、自己的才能外，每個人都可以透過各種工具來探索自己，來了解自己有什麼樣的才能。行行出狀元，當老師、醫師、律師、廚藝、開車、寫程式……等都是才能，每個人都擁有自己獨特的才能，我們要做的只是把它挖掘出來。

一個人的能力、行爲、技巧、喜好也可以算是「能量」，所以「生產者的能量」充滿了各式各樣的可能性。譬如說，許多職業運動球員，像籃球員、棒球員，他們的運動神經好，反應能力快，這也可以是他們的「能量」，當他們正確的使用他們的能量，也能夠獲得滿足感。

其實「能量」包含著各種的可能性，譬如「打掃」也是一種能量，有些善於打掃、整理的人，也能把這種能量轉變成工作。

人類圖有一個說法，就是四種類型中，只有生產者來這世界的目的是工作，其他三種類型來這世界的目的則是體驗生活，發現生活與生命的意義。

所以工作對生產者是最重要的一件事，這邊講的生產者的能量，主要也是跟工作有關，生產者通常是在工作中正確的使用他的能量，來得到滿足感。

但「工作」只是一個名詞，很多人並沒有實際的在「工作」，譬如家庭主婦、志工……等，這些人也是有使用他們的能量在做事情，只不過不一定是領薪水的工作而已，因爲生產者主要是「生產事情、建造事情」，如果他們能透過自己所做的事情得到成就感、滿足感，一樣是健康的狀態。

能量被正確的使用

「被正確的使用」這句話的意思是，生產者只有按照自己的策略，透過「薦骨回應」來做事情時，能量才會正確的被使用。

正確的被使用，主要是跟「決定」有關，譬如前面提到18閘門代表批評、找出錯誤的能力，它可以用來找出文章的錯誤，適合當文字編輯；這能力也可以用來找出產品的瑕疵，適合當品管人員；這能力也可用來找出公共政策行不通的地方，適合當政治人物。

所以到底他要當文字編輯、品管人員，還是要當政治人物？這就是關於他要如何使用他的18號閘門的能量？也就是要看他如何做「決定」！

在人類圖裡，做決定的方式就是要按照類型的策略來做決定，而生產者的策略是「等待回應」，只有透過薦骨的等待回應，來決定如何使用能量，生產者的能量才能正確的被使用。

頭腦不是做決定的工具

絕大多數人從小到大，都認爲我們的頭腦，就是用來做決定的工具。我們會用頭腦來學習，我們會用頭腦來決定買什麼，吃什麼，去哪裡。所有的一切決定，我們都是用頭腦來決定的，也可以說大多數的人，都是由頭腦來控制著他們的人生。

但在人類圖裡，頭腦不是做決定的工具，更具體地說，我們不能用「頭腦」直接做決定，譬如說，我們不能用「頭腦」直接就決定「我要離職」，然後就去遞辭呈。

頭腦不是做決定的工具，這不是要直接否定頭腦的重要性，而是提醒大家不能直接就用頭腦做決定，頭腦是協助我們做決定的「盟友」，因爲頭腦的主要功能就是比較、分析，它可以協助我們思考什麼是最好的選項，但是它不能分析完後就直接做出決定。

再回到前面那名有18號閘門生產者的例子，要如何正確的使用能量，我會建議他開始練習不要用頭腦直接決定如何使用18號閘門的才能，不要用頭腦來決定到底要來當品管人員還是政治人物，而是要用他的「薦骨回應」，來決定他想做品管人員還是政治人物，這樣才能正確的使用他18號閘門的能量。

生產者來這世界的目的：精通你的能量

要了解生產者追求「滿足感」的這個過程，生產者就必須精通、熟悉自己的能量，成爲使用這種能量的大師。

我們用籃球選手來比喻好了，一個籃球選手可能是彈性很好、速度很快、投籃很準，這是屬於他的「能量」，當他透過「薦骨回應」正確的使用他的能量，進入籃球的世界，在打球的過程中，他可能會獲得滿足感。

在他練習這些能量的過程中，不管是傳球、過人、投籃、罰球……等，必須不斷的練習，而後可能會進入「撞牆期」，就是我們前面提到「卡住」的狀態。

如果這個選手是正確的進入這件事情，就會有能量讓他持續做這件事情，隨後當到達一個神奇的點之後，他就突破了，超越了「撞牆期」，表現變得更好了，然後繼續前進，繼續練習，直到碰到下一個「撞牆期」，緊接再次突破，這樣一次一次的突破，他越來越精通他打球的能量，能量也越來越完美的被使用。

當他越熟練這些技能，越精通他的能量，就可以表現得越好，就可以升往更高的舞台，可能是從國中籃球隊、高中籃球隊、大學籃球隊到進入職業籃球隊，在這過程中不斷發光發熱，並且在過程中不斷的獲得滿足感。

籃球選手只是一個例子，每一個人都會有專屬於自己的能量、自己獨特的才能，天生我才必有用！每一種能量都能發揮獨特的作用，對生產者來說，重點就是要找到自己有什麼能量，並讓自己的能量正確的被使用，並且精通這能量，才能持續的獲得滿足感。

生產者不健康的狀態：挫折感

什麼是挫折感？就是當你想做一件事情，想得到一個東西（或當你想從事有目的的活動時），遇到阻礙或干擾，最後無法成功的完成你想做的事情、得到你想要的東西，因而產生焦慮和緊張不安的情緒狀態。如果一個生產者常常感覺挫折、挫敗，可能就處於不健康的狀態。

而生產者會感到挫折感主要有幾個原因，第一個原因是：「主動發起」，隨之遇到阻力，產生挫折感。

社會的主流價值鼓勵大家要「積極主動」、「若要如何，全憑自己」、「努力奮鬥開創自己的未來」，所有人都覺得自己應該要主動出擊、主動爭取，也就是幾乎每個人從小就被訓練要成爲顯示者。但是如果生產者主動發起，就會被抗拒，遇到很多阻力，導致事情無法順利進行，因而產生挫折感、挫敗感。

第二個原因是：因無法達成目標而放棄，產生挫折感。生產者如果沒有按照自己的策略「等待回應」來採取行動，而是靠頭腦的決定，或是「主動發起」去做一件事，在遇到「卡住」的情況後，因爲沒有能量可以繼續做下去，最後只好選擇放棄，將會讓生產者感到挫折感。

第三個原因是：沒有把能量用在適合自己的事情，所以產生挫折感。譬如你的能量就像是法拉利跑車一樣，你要做的事情就是在賽車場上狂飆，讓引擎發揮出一二〇％的力量，這是適合你的事情。但是如果你把法拉利用來載貨，這就不是適合你的事情，當你沒有把能量用在適合你自己的事情時，也會產生挫折感。

健康的生產者也可能感受到挫折感

跟健康的顯示者不見得就不會憤怒一樣，健康的生產者並不保證就不會感受到挫折感。如果你感覺到挫折感也不代表你現在不健康。因爲就算你薦骨非常有回應，事前準備得再好，有時結果還是會出錯，還是會遭遇失敗，失敗時生產者也是會感到挫折。

當生產者失敗時感受到挫折是正常的，但如果是來自薦骨回應所採取的行動，遇到失敗後產生的挫折感不會一直纏著你，你也不會被這挫折所勾住。

就像前面提到生產者遇到「卡住」的情況一樣，當「卡住」時，生產者就會覺得有挫折感，但只要是正確的進入這事情，就不會一直沉浸在這挫折感中，因爲仍然會有能量可以繼續做事情，當生產者有能量繼續做事情、繼續前進，最後可能就突破了。

健康的生產者按照薦骨的回應做出決定、採取行動，可能會成功，也可能會失敗，當失敗時感受到挫折，體驗到挫折感，但不久之後這挫折感就消失了，他不會受到這次的挫折所影響，可以繼續採取行動。再下一次還是有可能成功，也有可能失敗，但因爲是透過薦骨回應所做出的決定，就會擁有能量繼續前進，再次行動，一步一步走向完美，最後獲得成功，感受到滿足感。

如果不是按照「等待回應」，而是主動發起的行動，失敗時的挫折感將會一直困擾著生產者，深深的影響著他，揮之不去。

顯示生產者不健康的狀態：還有憤怒

顯示生產者除了擁有生產者不健康的狀態：感到挫折感外，因爲還有顯示者的設計，因此還要再加上顯示者不健康的狀態：憤怒。因此一個不健康的顯示生產者，就會又挫折又憤怒。

生產者的策略：等待回應

等待回應我會分兩個方式解釋，第一個是薦骨的聲音，第二個是身體的回應。

等待回應之「薦骨的聲音」

薦骨的聲音是人類圖裡很難理解的一件事，因爲它是「聲音」，但你現在看的是「文字」，所以用「文字」來理解「聲音」有一些難度。

我們就假設一個生產者在思考他要不要買一台車來舉例好了。一般人如果在想要不要買一台車，他會想要買什麼樣的車？有多少預算？想要什麼樣的功能？想買哪一種廠牌？他會列出很多選項，再寫上優缺點來比較，經過詳細思考、研究後，再做出決定。

如果以「等待回應/薦骨的聲音」方式來處理的話，會是以下步驟：

1. 把這些問題寫下來，並寫成「封閉式」的問題：

首先要把這些問題寫下來，並寫成封閉式的問題，就是答案只能是Yes或是No。譬如：「你想買一台車嗎？」答案就只有「想」、「不想」兩種。記得不要問開放式的問題，譬如：「你想買什麼樣的車子？」因為這種有很多答案的問題，薦骨的聲音不知道如何回答開放式的問題。

2. 找一個人來問你這些問題：

聽薦骨的聲音不能自問自答，需要透過另外一個人來問你問題。建議找一個你信任的人來問你問題，爲什麼提到「信任」，是因爲當你用薦骨的聲音來回答對方提問的問題時，你會發出聲音，對方也會同時聽到你的答案，所以譬如你找同事問你：「你想離職嗎？」當你回答出肯定的答案，對方就知道你想離職了。

如果你會擔心對方知道你的答案後，可能會對你產生不好的影響，或是你不想讓對方知道你眞正的答案，這時你可能會試圖用頭腦改變薦骨的聲音；這樣的情況下所發出的薦骨聲音就不見得是眞正的答案。所以你要找的人，是可以自在的在他面前發出Yes或No的聲音，即便對方知道你的答案，你也覺得沒關係的人。

3. 在回答問題時，不要用文字或語言來回答「好」、「不好」，而是用聲音來表示：

當你對這個問題的答案是Yes時，就發出一個肯定的聲音，可能是強而有力的「嗯！」如果答案是No的話，就發出一個否定的聲音，可能是虛弱小聲的「哼！」

你可以想像，當你問小孩子說：「我們去吃冰淇淋好嗎？」他們會發出「耶！」的聲音，你會感覺到他們的開心、愉快，這就是薦骨肯定的聲音。或是老闆跟員工們說：「今年業績不錯，每個人加發兩個月年終獎金！」大家就發出「耶！」的聲音，這也是薦骨發出的肯定的聲音。

當你跟生病的小孩說：「我們去打針好嗎？」他們就會扁嘴搖頭，發出「哼！」的聲音。這是否定，No的聲音。或是老闆說，臨時接到一個案子，客戶很急，所有的人今天都要留下來加班，大家就發出「唉！」的聲音，這也是薦骨發出的否定的聲音。

但請注意，每個人發出的聲音都不一樣，可能是「嗯！」「哼！」「耶！」「哈！」所以並不是肯定的聲音就一定是「耶！」，每個人要去找出自己對於肯定會發出什麼樣的聲音，對於否定又會發出什麼樣的聲音。一開始練習時，可能不是那麼清楚，但是只要多練習，就會越來越清楚自己薦骨發出的聲音是Yes，還是No。

回到如何實際運用薦骨的聲音來做決定，以買車子來當範例，當一個生產者想要買車子時，他就可以把一些問題寫下來，請他的朋友或家人來問他，譬如：

「你想買車嗎？」

「你想買新車嗎？」

「你想買中古車嗎？」

「你想買五十萬左右的車嗎？」

「你想買七十萬左右的車嗎？」

「你想買一百萬左右的車嗎？」

「你想要你的車子是白色的嗎？」
「你想買台黑色的車子嗎？」
「你想買Toyota的車子嗎？」
「你想買Ford的車子嗎？」
「你想買休旅車嗎？」
「你想買七人座的車嗎？」

透過一系列的問題，薦骨會針對每個問題發出肯定或否定的答案，你再把這些答案記錄下來。透過一系列問題的釐清，你就知道自己想買什麼樣的車子了。

對於薦骨沒發出聲音的問題

但是，有時薦骨既沒有發出肯定的聲音，也沒發出否定的聲音，而是沒有發出任何聲音，這時有幾種可能。

第一種可能是，薦骨的答案就是No，所謂「遲疑就是否定票」，所以如果沒有發出聲音，可能答案就是No。

第二種可能是，這個問題問得不清楚，不知道怎麼回答，譬如：「你喜歡吃海鮮嗎？」有的人無法發出聲音來表達Yes或No，因爲他可能喜歡吃魚，但不喜歡吃蝦、螃蟹，他不知道這個問題中的海鮮是指哪一種海鮮？所以無法發出聲音。這時可以把問題問得更仔細、清楚一些，譬如改成：「你喜歡吃魚嗎？」或許對方就可以發出聲音來了。

第三種可能是，對這個問題他當下不知道答案、或不確定答案，譬如你問一個人：「你覺得明年的經濟會比今年好嗎？」因爲他不知道這個問題的答案，所以就無法回答。

所以如果薦骨對一個問題沒有發出聲音，大部分的情況就是對這個問題的答案是No，或是不確定。

等待回應之「身體的回應」

回應的前提是指當事情來到你面前時，再去採取反應或行動，所以回應是被動的，不是主動的。對於來到你面前的事情，可以是你看到的影像，你聽到的聲音，你感覺到的事情都可以，也就是來到你面前的任何訊息都可以。

譬如說你在逛街時，突然看到商店的櫥窗有一件衣服，你被它吸引，朝那件衣服走過去，然後去試穿，最後決定買下這件衣服，我們可以說你對那件衣服有回應。或是你在逛書局時，當走過一個書架後，突然又回頭，拿起書架上的某一本書，然後決定買這本書，就表示你對那一本書有回應。

關於聽到的聲音，譬如：你經過公園，聽到鳥叫聲，然後你便決定要去山上走走，這可能是你對鳥叫聲有回應。或是你在街上走著，突然聽到「叭噗——叭噗——」冰淇淋攤車發出的聲音，你就走過去，買了冰淇淋，這可能是你對「叭噗」這聲音有回應。

在一天當中，生產者會有很多身體的回應，譬如：要搭公車還是捷運去上班？要走哪一條路去公司？午餐吃什麼？喝什麼飲料……等，身體的回應無時無刻都在發生，差別只是你有察覺到，或是沒有察覺到而已。

「等待回應」是生產者的策略，是生產者做決定的方式，所以選擇上班交通方式、吃什麼食物……等，這些都是決定。只是決定有大有小，因爲天天都在做這些決定，有時是用身體的回應來做決定，有時則是習慣了，直接用頭腦來做決定。因此有時對於一些決定，生產者分不清楚是身體的回應，還是來自頭腦的判斷。

這時候，我們可以用「薦骨的聲音」來做判斷。

譬如你最近換了工作，上班地點比較遠，通車很麻煩且又要花很多時間，心裡就開始思考是否要買台機車，騎車上下班比較方便，然後在路上看到一台機車開過去，就想要買一輛相同的車子，但這時想買車子的想法，是頭腦的想法，還是看到車子所產生的回應呢？

當分不清楚「想買車子」究竟是腦袋的想法還是身體的回應時，你可以把這些問題寫下來，請別人來問你：「你想買機車嗎？」「因爲通勤很花時間，你想騎機車上下班來節省時間嗎？」

如果薦骨都發出肯定的Yes的話，代表買機車是身體的回應，如果薦骨發出No的聲音，那可能是腦袋想買，但薦骨不想買，建議這時候就不要買。當你分不清是頭腦的想法還是身體的回應時，薦骨的聲音就可以協助你做出判斷。

生產者使用策略的好處

運用策略最主要的目的是消除抗拒和阻力，生產者透過「等待回應」將可消除抗拒，且透過「等待回應」，生產者可以感受到自己生命的力量，然後透過策略來發現屬於自己的東西。你只要等待，讓屬於你的人、事、物自動來到你的面前讓你回應，可能會爲你帶來意想不到的驚喜。

譬如有一個人吃素吃了十幾年，有一天朋友突然問他：「你想吃魚嗎？」他的薦骨發出很肯定的聲音，他覺得很驚訝，「我都吃素這麼久了，怎麼會想吃魚呢？」

後來他又請朋友問了他幾次想不想吃魚的問題，薦骨都發出肯定的答案，於是他就試著吃魚，身體也覺得很舒服，後來他就開始吃魚了。

如果我們用頭腦來思考、評估判斷，一個人吃素已經吃了十幾年，怎麼可能會突然想要吃魚？這是不可能的事情，頭腦會覺得不可思議，但是透過薦骨的回應，它會告訴你，你的身體真正需要的是什麼！

生產者的困擾

由於生產者擁有薦骨的強大動力，因此生產者會一直想要做事情。對於要「等待回應」，很多生產者都會感到很困擾，感覺很不習慣，覺得等待就是什麼事都不做，等待就會錯失機會。

其實這是一種誤解，「等待」其實是在蓄積能量，等待對的事物來到，然後透過回應來展現自己的能量。一直主動發起，反而是不正確的使用能量，不斷的在消耗能量，等到眞正適合你的事情來到你面前，反而沒有足夠的能量來處理。

人類圖是一個驗證的知識，所以對生產者來說，可以仔細回顧過往的人生經驗，在過去積極主動發起的事情有成功嗎？有比較好嗎？還是等待回應的結果比較好、比較順，比較讓你得到成就感、滿足感？

你可以回想過去的工作經驗，如果你換過好幾個工作，仔細想想，是主動去找的工作結果比較好？還是別人介紹的工作比較好？

因爲主動去找，就是生產者主動發起所做出的決定，但主動發起不是生產者的策略，因此容易遇到挫折。雖然主動發起還是可以找到工作，但是可能工作的過程比較不順，結果比較不好，最後還是會離開。

如果是別人介紹，所得到的工作因爲是朋友提供的訊息來到你面前，你對這訊息有回應，接著採取行動去面試而進入工作，是透過「等待回應」所做出的決定，結果通常會比較好，比較順利。

生產者內心的問題：我會被詢問嗎？

生產者的策略是要等待回應，也就是要有人來到他們的面前，問他們正確的問題，讓他們的薦骨可以做出回應，然後做出正確的決定。但是生產者會擔心，「眞的會有人來問我嗎？」「如果我一直等待，怎麼會有機會來到我面前呢？」這些擔心和顧慮，導致生產者無法等待，也不想等待，於是就主動出擊、主動發起。

但因爲生產者並不像顯示者一樣能夠主動發起，生產者主動發起就容易遇到抗拒，讓生產者產生挫敗感，如果生產者把焦點放在：「我會產生挫敗感，是因爲我不夠努力，我不夠積極，因此我要更主動，更積極來做事情！」這樣的話，只會讓這個生產者陷入主動發起、失敗、挫折、主動發起、失敗、挫折……的惡性循環當中。

所以這時生產者要學習的，就是練習等待，要相信只要自己處在正確的狀態下，自然就會吸引正確的人、事、物來到面前讓你回應，生產者的覺醒之路非常簡單，所有你必須做的事情就是等待而已，不用擔心，屬於你的事情自動會來到你面前讓你回應！

從小孩成長的過程來了解生產者

大多數的父母，都希望自己能好好教養小孩，但可能卻用了不適合小孩人類圖類型的方式來教養小孩。

一般社會認爲「主動、積極」是正面的價值觀，所以父母都會希望自己的小孩能主動發起，主動來吃飯、主動去洗澡、主動看書，不要爸爸媽媽一直在後面催、催、催。小孩子也會被教導：「生命掌握在自己手裡，如果想要得到什麼，就要主動出擊，努力去爭取，這樣才能得到。」其實這些想法，主要是適合能夠「主動發起」的顯示者。

當生產者小孩「主動發起」去做一件事情，因爲不符合生產者的策略，因此生產者小孩沒有足夠的能量去完成這件事，最後可能放棄、失敗，感受到挫折。父母就會叫他繼續努力，會失敗的原因就是因爲不夠努力、不夠堅持。

所以生產者小孩下一次就會更加努力，但卻又一次的遭遇阻力，感到挫折，最後選擇放棄，感到挫折、沮喪。然後就會進入一個循環：主動發起、遇到阻力、感到挫折沮喪、放棄；再次主動發起、遇到阻力、感到挫折沮喪、放棄，一遍一遍的重複同樣的過程。

不過，以上只是說明如果一個生產者小孩沒有正確的被教養，將會如何發展。但也不是所有生產者的小孩，都一定會很挫折、沮喪，因爲在生活中，也會有些事情他們是因爲有回應去做，不是百分之百所有事情全都是主動發起。

大多數的「主動發起」跟少數的「等待回應」，組合成了生活中的一切結果，其中會有好的結果跟不好的結果，只是在不了解人類圖的情況下，無法區分究竟自己是如何得到好結果的？不好的結果又是如何造成的？因此只好繼續的強迫自己努力前進，卻不知道努力會不會得到好結果？因而對未來產生茫然的感覺。

生產者與睡眠

對於睡眠的時間，大部分人的習慣都是每天在差不多的時間上床睡覺，會有一個固定的作息時間，也有些人會覺得：「早睡早起身體好！」

但在人類圖裡，對於生產者來說，並不適合固定時間的睡眠方式，而是要等到筋疲力竭時才去睡覺，最簡單的衡量方式就是，當你頭一碰到枕頭就睡著，這是最適合生產者的睡眠方式。

因爲生產者的薦骨就像是顆強大的電池，早上起床就充滿電，隨著透過一天的活動、工作，逐漸把電力消耗掉，等到躺在床上的那一刻，剛好把最後剩餘的電用完，頭一碰到枕頭就睡著，代表著他這一天的能量是完美的被使用，對他而言也是完美的一天。

睡完一覺，隔天起床後，電池又重新充滿電了，又可以開始進行一天的活動與工作，慢慢的把電消耗掉，直到睡覺前把電用完，這對生產者才是理想的方式。

假設生產者採用固定時間上床睡覺的方式，如果他電池的電還沒用完，那麼他是很難入睡的，因爲還有能量沒用完，可能要躺一陣子才能入睡，所以固定上床睡覺時間的方式並不適合生產者。

生產者之間如何互動？

常有人會問，如果兩個人都是生產者，都不能主動發起，都必須等待回應，那不就什麼事情都不能做？哪裡都去不了？

其實這是一個對「等待回應」的迷思，生產者確實不能主動發起，必須等待，但等待並不代表什麼事都不能做。因爲人的能量會流動，在流動的過程中，自然會產生許多碰撞的機會，讓生產者可以對這些機會產生「回應」。

我用以下兩個情況來解釋「人的能量會流動」。第一個是：陳述事實，第二個是：身體自然的移動。

1. 陳述事實

當兩個人在一起時，因爲人的能量會流動，所以很自然的就會開始聊天，向對方說自己現在的狀況、自己的想法、自己的感覺，這些都歸類於「陳述事實」。「陳述事實」不是「主動發起」，因爲「陳述事實」並沒有要做出決定，「陳述事實」也沒有要採取行動。

譬如說兩個生產者在聊天，生產者A說：「我肚子餓了。」另一個生產者B就說：「你想出去吃牛肉麵嗎？」然後A發出「嗯！」的聲音，他們就出去吃麵了。

在上面這個例子，當A說：「我肚子餓了。」他只是在陳述事實，說他餓了這件事而已，他沒有想做什麼事，這不是「主動發起」。

當B問說：「你想出去吃牛肉麵嗎？」這時B對A提出了一個Yes或No的問句，接著A以薦骨回應肯定的「嗯！」然後起身出去吃牛肉麵。A對決定出去吃牛肉麵是來自一個薦骨回應的決定，這對A是一個正確的決定。這對A是一件正確的事。

但問題出在B，因爲B問了：「你想出去吃牛肉麵嗎？」問完後直接就出去吃麵了，這件事對B是不正確的，因爲B主動發起了。爲了要讓B也是正確的，這時A就要再反問B：「你也想去吃牛肉麵嗎？」如果B也用薦骨回應發出肯定的「嗯！」這樣B去吃牛肉麵也變成是正確的決定了。

可能有人會認爲，這樣不是很累嗎？吃頓飯而已幹麼這麼複雜？但你仔細想想，不就是多問一句話而已，如果多問一句話，可以讓對方也能做出正確的決定，這樣是不是很值得？只是一句話而已，也不會多複雜。

有趣的薦骨情況

有時會發生一種狀況，就是當A反問B：「你也想去吃牛肉麵嗎？」但B的薦骨回應卻是否定的「哼！」這就有趣了，因爲這表示B不想去吃牛肉麵。

大家可能會覺得很奇怪，明明是B主動問A：「你想出去吃牛肉麵嗎？」這應該表示B也是想去吃牛肉麵才對呀！爲什麼B的薦骨回應卻是否定的答案呢？

因爲即使B問出了這樣的問題，並不一定代表B就想做這件事，有時我們頭腦會閃過一些想法，並不代表他就眞的想這麼做，也不代表他就必須對這個想法採取行動。譬如一個生產者可能頭腦突然閃過一個想法：「我想去日本度假！」但並不代表他就要去日本度假，除非有人問他：「你想去日本度假嗎？」而他的薦骨也發出肯定的「嗯！」這樣才代表他眞的想去日本度假。

我們常常會認爲這些頭腦閃過的想法很有價値，可能是來自上天的召喚，或者不知道是來自哪裡的神祕訊息，這些想法會冒出來一定是有某種原因的，不然它爲什麼會出現？很多人就會根據這些頭腦閃過的想法來採取行動，或做出某些決定，但從人類圖的角度，這樣的作法是不恰當的。

尤其對生產者來說，生產者不能直接對這些頭腦的想法做出任何決定與行動，如果一個生產者眞的想對這些想法採取行動，建議要先把這些想法化爲Yes或No的問句，再找別人來問你，只有當你的薦骨對這些問題發出肯定的回應之後，才能採取行動。

2. 身體自然的移動

正常來說，一個人不會一直躺在一個地方不動，坐在一個地方不動，或站在一個地方不動，人會自然的走動，會出門工作、散步、買東西……身體會自然的移動。

若你想練習「等待回應」（就是絕不主動發起，絕不主動做事情），建議你可以找張椅子，坐在椅子上，隨之一動也不動，一直等待，但當你坐了一個小時、兩個小時、三個小時後，你可能就坐不住了，你可能會想去上廁所，或想起來走動走動，或從早上等到中午，肚子餓了，可能就會想出門去吃東西，這就是你的身體會自然的移動。

在你身體自然的移動中，你會自然的看到很多東西，聽到很多聲音，感覺到很多事情，這些都是你可以回應的對象。譬如你在走去餐廳的路上，看到商店的櫥窗有件衣服很漂亮，你就對這件衣服有回應，可能就走過去更仔細看，或者就進去商店買它。

補充說明，當你看到櫥窗的衣服很漂亮，被這衣服所吸引，對它有回應時，並不代表你就一定要買它。如果你有朋友跟你一起，你可以請你的朋友問你兩個問題：「你喜歡這件衣服嗎？」通常你的回應是肯定的，所以你才會被吸引。更重要的是下面這個問題：「你想買這件衣服嗎？」

如果回應是肯定的，你就買，如果沒有回應，就不要買，因爲喜歡這件衣服、對這件衣服有回應，並不代表就一定要買這件衣服。

你可能只是喜歡這種類型的衣服，總是被這種設計、顏色、花樣所吸引，但你家裡已經有很多類似的衣服了，所以雖然你喜歡這件衣服，但是薦骨卻不想買它。

所以一個人在跟別人互動時，自然的就會「陳述事實」，加上「身體自然的移動」，這樣就會有很多的訊息自動會來到生產者面前，讓生產者可以回應，生產者不用擔心沒有東西可以回應，反而要仔細察覺自己對什麼人、事、物有回應。

如何區分「主動發起」還是「等待回應」？

我們可以用一句諺語來解釋「主動發起」跟「等待回應」，就是「有心栽花花不開，無心插柳柳成蔭」。這裡的「有心栽花」就是發起，「無心插柳」就是等待回應。

更具體解釋，就是要看你的「起心動念」，當你內心有個企圖心，想要做一件事情時，這時就是「主動發起」，也就是「有心栽花」。而當你沒有企圖心，沒有想達成什麼事情，只是看到柳樹枝，順手把它插在地上，這就是「等待回應」。關鍵在於前面的「有心」與「無心」。

舉個等待回應的例子，有一次我到台中去面試一個人，為了他方便，我們約在咖啡廳面試，當面試結束之後，我準備要收拾東西，起身離開時，突然有一個人跑來跟我說：「先生，不好意思，我剛剛聽到你們面試的內容，我覺得這份工作很適合我的朋友A，能不能請你給我一張名片，我請我朋友A跟您聯絡？」我就給了他一張名片，後來這位朋友A就跟我聯絡，我們面試後覺得很不錯，就錄取了A。

在這個例子中，A的朋友那天去咖啡廳，絕對不會想到會遇到有人在咖啡廳面試工作，也不會想到竟然會對我面試的內容有回應，覺得這工作很適合他的朋友A，隨後出於回應，跟我要名片。

當他把名片給朋友A，告知他這個訊息，朋友A也不會想到怎麼突然會有個工作機會來到他面前，不過朋友A對這工作機會的訊息有回應，所以採取行動跟我聯絡，然後面試，最後成爲我的同事。所以朋友A來我們公司上班，就完全是來自回應。

「等待回應」好消極，會不會錯失機會？

我們一直提到社會很讚揚顯示者「主動發起」的這個特質，「積極主動」是個正面的名詞，每個人從小到大都被教育要積極主動，這個就是我們所稱的「制約」，我們都在這種制約下長大，告訴自己要積極主動才會成功。

當頭腦聽到不要「主動發起」，要等待回應時，頭腦是很驚慌的，因爲「頭腦」將會失去控制權，所以「頭腦」會告訴你「等待回應」是不好的，等待是很消極的，頭腦會這樣反應的目的是爲了能讓頭腦繼續維持控制權。

不過，適合別人的作法，並不見得適合你，人類圖是一個實驗、驗證的知識，你可以仔細回想，你過去「主動發起」的經驗如何？你「等待回應」的經驗又如何？如果你「主動發起」，但是沒有得到好結果，反觀你「等待回應」，最後得到的結果都是不錯的，你以後會選擇哪一種作法呢？

生產者如何找到適合自己的工作？

因爲生產者來這世界的目的是追求滿足感與成就感，所以能讓生產者獲得滿足感、成就感的工作，就是適合生產者的工作。

「能讓生產者獲得滿足感、成就感的工作，就是適合生產者的工作。」這句話聽起來簡單，可是要落實卻很困難，因爲對許多人來說，很難體驗到「滿足感」與「成就感」，也不知道什麼事情可以帶來「滿足感」與「成就感」，那自然更不知道什麼工作可以讓他獲得滿足感了。

我曾問過一個熱愛工作、覺得工作讓他很有滿足感與成就感的人，請他解釋「滿足感」、「成就感」對於他來說，是什麼意思？

他說：「我很喜歡工作，很喜歡透過自己的才能來把工作完成，當我利用自己的才能完成一份工作後，覺得很開心、很喜悅，因此迫不及待想要再去進行下一份工作，所以對我來說，沒有退休的那一天，我希望能一直工作到再也動不了爲止。」

前面提過，生產者來這世界的目的是要「精通自己的能量」，而能量泛指許多事情，你的才能是你的能量，你平時可以做的事情也是你的能量，譬如打掃、清潔也是一種能量的展現，所以有人可以把打掃、清潔當作工作，並且做得非常好。

譬如日本的新津春子非常善於打掃，曾拿到全日本大樓清潔競賽第一名，並讓羽田機場連續兩年被選爲「世界最乾淨的機場」，她也成爲許多清潔公司的顧問，所以「清潔、打掃」便是讓她可以獲得滿足感與成就感的工作。

就以「打掃、清潔」這份工作來舉例好了，我們可以用一個方式來衡量打掃、清潔是不是適合你的工作：假設有人請你去打掃一棟房子，你從早到晚、辛辛苦苦，好不容易把整棟房子打掃完，最後結束工作正準備要回家時，這時又有人跑來跟你說：「隔壁還有一棟同樣的房子，想請你明天去打掃，可以嗎？」

如果你的反應是，「太好了，又有一棟房子可以讓我打掃，眞開心！我明天很樂意再去打掃另一棟房子。」那麼打掃房子可能就是適合你的工作。

如果你的反應是，「我不想！今天工作一天已經太累了，我要休息一陣子，等過一段時間再說吧！」那麼打掃房子可能就不是適合你的工作。

所以，對於完成一份工作後，你的想法是：1.迫不及待地想要再繼續進行同樣的下一份工作。2.覺得好不容易才完成辛苦的工作，覺得很累，想要休息一下，暫時不想再碰相同的工作。依照你的選擇是1還是2，就可以來衡量這份工作適不適合你。如果你的答案是1，恭喜你！你做的工作是非常適合你的工作。

如果你的答案是2，建議你思考是否要繼續從事這份工作？曾經有一個女孩子來找我做職場解讀，她的工作是在飯店櫃檯負責接待客戶的工作，我就問她：「當你服務完一個客戶，你是期待下一個客人趕快來，讓你能服務他，還是有不同的想法？」她說：「我希望客人不要一個接一個來，這樣很累，客人少一點比較好。」我就說，那麼飯店櫃檯服務客戶的工作，可能並不適合她。

如果你是生產者，你對現在的工作感到很滿意，很樂意一直做這份工作，不會想要退休，希望能一直工作下去，那現在這份工作就是適合你的工作。

但並不是以「想不想退休」作爲正確工作的衡量方式，譬如日本的動畫大師宮崎駿，他就退休了七次，當然也再復出七次。對於一個健康的生產者來說，退休後的無所事事、輕鬆自在，並不是他所追求的，所以對宮崎駿來說，每次退休後一段時間，便會再復出，繼續工作，繼續使用他的能量。

大多數生產者沒有在工作中得到滿足感

工作對生產者是最重要的事情，生產者來這世界的目的就是工作，透過工作來獲得滿足感與成就感。可是許多人所從事的工作，並不是能讓他們獲得滿足感與成就感的工作，這是正常的。大多數人並沒有在工作中得到滿足感，有以下幾個原因：

第一，大多數人都是在學校畢業之後才開始正式工作，在投入工作之前的學生時代，並不見得有機會可以去實習、練習，並從中知道什麼事情可以讓自己獲得滿足感與成就感，所以對從工作獲得「滿足感」、「成就感」這件事情，可能會覺得很陌生。

第二，大多數人找工作時的主要考量可能是：薪水、公司、產業別、發展性、福利……等，很少人會用「滿足感」、「成就感」來作爲找工作的依據。

第三，許多人工作是爲了賺錢支付生活所需，錢便成爲主要的考量因素，加上社會的氛圍，覺得要有房、有車、有存款才是成功的象徵，因此許多人考慮的是工作能不能賺到更多的錢，而不是工作能不能獲得滿足感。

我做職場解讀時，問過許多生產者，如果有兩個工作讓他們選擇，一個是薪水比較高，但沒有滿足感跟成就感的工作。另一個是薪水比較低，但是能讓他們獲得滿足感與成就感的工作，問他們會選哪一個工作？幾乎所有的生產者都會選薪水比較低，但是能獲得滿足感與成就感的工作，不過，問題在於他們並不知道那究竟是什麼樣的工作？到底什麼工作能帶給他們滿足感與成就感？

第四，如果一個人選擇工作的標準不是以能不能讓他得到「滿足感」來衡量，那自然就很難選到能讓他得到滿足感的工作。

找到獲得滿足感與成就感的工作很重要

如果你是生產者，你可以回想過去的工作經驗中，有沒有什麼工作、什麼事情、什麼專案，是當你完成之後，你很喜悅、很開心，很有滿足感，而且心裡會想：「如果能再做一次同樣的工作，那有多好呀！」你有沒有這樣的經驗？

有的人回想之後，說「有」，他曾經負責過一個專案，從無到有幫公司建立出貨的流程，讓本來混亂的情況，變得井井有條，效率提高很多，完成這個專案讓他很有滿足感，可是那個專案做完之後就結束了，公司後來就再也沒有類似的事情了。

我就建議他，想一想那樣子的專案，有什麼樣的公司會需要？他就可以再去類似的公司上班，可以去做相同的工作，再次獲得滿足感。

但如果是一次性的專案，譬如出貨流程改善後，可能很長一段時間都不需要再修正了，以後很長時間都不會再用到了。那麼可以思考是不是把整個「改善出貨流程」變成是一種服務，他或許可以成立一家公司，專門提供這種服務給需要改善出貨流程的公司，他便可以持續在工作中獲得滿足感。

也可以從另外一個角度來思考，就是他的能量到底是用在「改善出貨流程」，還是用在「從無到有建立一個制度」？如果是「改善出貨流程」，便可以思考哪些工作、公司需要這種服務？這便是適合他的工作。

但如果是「從無到有建立一個制度」，關鍵是在「從無到有」，那麼可以思考這樣的能力可以用在哪些地方？譬如成立新店面？開發新客戶？研發新商品？建立新據點？因爲是「從無到有」的過程讓他獲得滿足感，因此他便可以思考什麼樣的工作、公司會有許多「從無到有」的機會，這樣的工作也是適合他的工作。

給生產者的職涯建議

很多生產者會問：「我一直都找不到讓自己覺得有熱情的工作，怎麼辦？」

其實這是正常的，能在工作中持續獲得滿足感與成就感的人是少數。大多數人所從事的工作，並不一定是適合他的工作，也很少人在工作中獲得滿足感。

蓋洛普公司在二〇一三年出了一篇調查報告，在其中調查了一百四十二個國家，發現在二〇一一至二〇一二年時只有十三%的人投入（Engaged，也可以翻成「敬業」）工作、有六三%的人不投入工作，更有二四%的人非常不投入工作。

當然，十三%投入工作的人是否表示他們的工作都是能讓他們獲得滿足感與成就感的工作，這並不是絕對相等的關係。但是，從數據上看有六三%的人不投入工作，有二四%非常不投入工作，我想這些人所從事的工作，應該都是不能帶給他們滿足感與成就感的工作，他們才會不想投入工作，這是現在全世界大多數人工作的實際情況。

但是大多數人都是這樣，並不代表你也要跟他們一樣，如果你對現況感到不滿意，或者你想改變，想找到能讓你有滿足感的工作，有以下幾個方向提供你參考：

一、找出你擅長的事情

許多人回想過去的工作經驗，發現並沒有什麼工作內容、專案，能給他帶來滿足感，也就是沒有什麼事情，是他可以一直做卻不會感到厭煩的。

這時，你可以回想在過去的工作，甚至在生活中，什麼是你擅長的事情？因爲生產者來這世界的目的是要「精通你的能量」，所以你擅長的事情，表示這可能是你所精通的能量，下一步就是如何把你擅長的這件事情，轉化成工作。

你可以想想你在工作中擅長哪個部分？然後試圖把這部分化爲工作的主要內容，譬如你很擅長簡報，但你在公司中需要簡報的機會不多，你可以考慮去找比較需要簡報的工作，譬如業務性質的工作，便常常需要去向客戶簡報，或者考慮成爲講師，因爲講師演講、上課時，也是類似簡報的性質。

二、把興趣轉變成工作

有人說「興趣是最好的老師」，對於你有興趣的事情，你就會花時間去研究，甚至廢寢忘食，一心一意投入在你有興趣的事情上。

俗話說「鐵杵磨成繡花針」，當你對一件事情有興趣，你就會投入大量的時間去研究、學習，自然你對這件事情就會越來越精通，當你精通處理這件事的能量後，那麼它就有可能變成你的工作。

問題在於，你有興趣的事情，不見得就可以把它變成工作，譬如有人對電影很有興趣，熱愛看電影，但要把「看電影」變成工作，卻變成非常困難。他會覺得，我只是喜歡看電影而已，怎麼有辦法把它變成工作？有人則是喜歡逛街買衣服，逛街一整天都不會覺得累，但是怎麼把逛街變成工作？

所以這裡有個重點，就是要把你的興趣轉化成一種「服務」或「商品」，讓別人會想要得到這種服務或商品，進一步他們可能會想掏錢出來買。

譬如有人喜歡看電影，因爲看了太多電影，懂得如何判斷電影的好壞，他便可以試著當一個影評人，對每一部電影提供他獨特的看法，讓其他沒時間看完所有電影的人，可以透過他的影評作爲看電影的選擇，如果有足夠多的人想得到他的影評，就有機會把「影評」變成他的工作。

喜歡逛街買衣服的人，可以考慮把「採買衣服」變成工作，或者因爲買衣服的品味很好，周圍的人常常稱讚她搭配的衣服很好看，便可以考慮轉變成銷售衣服的人，把覺得好看的衣服推薦給其他人。

要把「興趣」轉變成工作，不是一件容易的事情，因爲還要加上一個關鍵，就是「能不能創造出好結果？」你擅長的事情、你的興趣，能不能創造出好結果？

譬如你擅長簡報，可是你的簡報只是工作流程的一部分，不管簡報做得好或不好，對於工作的結果沒有太大的影響，這種情況下，你的簡報並無法創造出好結果，擅長簡報這件事對你的工作就無法創造出太大的價值。

但如果你的簡報對於結果影響很大，讓你可以勝過其他競爭對手，爲公司贏得案子，就是創造出好結果。或是你做出好簡報，就讓客戶因此而下訂單，這也是創造出好結果。

關於興趣，如果你想把看電影的興趣，轉換成影評的工作，前提是必須要能引發大眾的共鳴，讓大家認同你的影評，這才是創造出好結果，如果你的影評是曲高和寡，那就沒有創造出好結果。

如果你喜歡買衣服，可是你選擇衣服的品味並沒有得到大家的認同，也就是很少人會稱讚你買的衣服很好看，那就算你再喜歡買衣服，但是無法創造出好結果，可能也無法把這興趣轉換成工作。

三、研究自己，了解自己的才能

「天生我才必有用」、「三百六十行，行行出狀元」，每個人都有專屬於自己的才能，你自己就是一座寶山，只是你有沒有挖掘出來而已。你可以利用各種探索自己才能的工具、問卷，來了解自己有什麼才能，市面上有許多書籍、知識可以協助你開發自己的才能。

你也可以研究你人類圖的設計，或是你也可以參考我寫的《人類圖財賦密碼》一書，便可以找到你自己至少二十項的才能。

當你知道自己這些才能之後，可以好好練習，因爲它們是你與生俱來的才能，當你練習這些才能，慢慢的越來越有心得，並且能透過這些才能創造出好結果之後，便可以思考如何把這些才能運用在工作上。

四、專注在現有的工作上

這也是最簡單的方式，因爲你已經在目前的工作上了，所以你正在使用你的能量完成工作，而生產者的目標是要「精通你的能量」，因此你可以把重點放在如何「精通你現在用於工作上的能量！」

譬如你的工作是煮麵，那你就要想辦法把煮麵這件事情做到精通，譬如要選擇哪一種麵條？水煮沸後要煮多久？要搭配什麼樣的醬料……等，一個步驟一個步驟的精通，不斷練習，你可以嘗試數十種麵條，看看哪一家廠商做的麵條你煮出來最好吃，甚至到最後乾脆自己做麵條，透過在每一個細節不斷的努力，把煮麵做到精通。

或許，當你把煮麵這件事做到精通，你成爲了煮麵的大師，你也同時會獲得滿足感與成就感呢！

五、練習等待回應

你也可以多練習「等待回應」，或許就有神奇的工作機會來到你面前，舉個例子，有一個朋友，她一直以來看待工作就只是工作，對於工作沒有覺得開心也沒有不開心，在學習人類圖一段時間後，因緣際會下她去學了插花的課程，插花讓她覺得很開心，每次插完花後，看到自己的作品，她覺得很有滿足感。

插花課程結束後，老師跟她說，她的作品很不錯，問她願不願意跟老師一起接插花的案子，她很開心的接受了。一開始只是兼差的性質，但後來因爲案子越來越多，所以就把原來的工作辭掉，全職做花藝的工作。

她很喜歡現在花藝的工作，因爲她喜歡插花，當完成一件插花的作品之後，讓她很有滿足感、成就感，客戶也喜歡她的作品，她工作得很開心，而且收入也比以前高。

我就問她，怎麼會想要學插花呢？她說她就突然看到她家附近的花藝教室在招生，她對招生海報有回應，就走進去詢問、報名上課，然後一路走到現在。

我跟她說，那家花藝教室有可能在你家附近已經開很久了，也已經開過很多次課程，可是在之前你走過去時，你視而不見，也就是之前你對花藝教室、插花課程是沒有回應的。

因爲當你處在不健康的狀態，就算對你而言正確的人、事、物來到你面前，你也是看不到、聽不到、感覺不到的。

但隨著開始練習等待回應，一次又一次的練習，你就會開始變得跟以前不一樣了，你會漸漸的回到眞正的自己，慢慢的、慢慢的，就好像把你身邊一層一層的迷霧撥掉，你開始會看到以前看不到的東西，聽到以前聽不到的話語，這時如果有適合你的人、事、物來到你面前時，你自然就會產生回應，然後透過回應，就會一步一步把你帶到適合你的工作上。

六、保持開放的心態

也許有人認爲，要找到適合自己的工作太難了，要從工作中得到滿足感、成就感更是不容易，或者是現在的工作已經做了十幾年，都已經習慣了，自己也有一定的年齡了，要讓自己再做出轉換，太困難了。

建議大家保持開放的心態，因爲適合你的工作，不知道什麼時候就會出現在你面前，讓你回應，從此走上不同的道路。

日本的西本喜美子女士，在七十二歲時初次接觸攝影、七十四歲學習修圖，八十二歲時在美術館首次舉辦個展，八十八歲時推出攝影集《我不是一個人》。

一般來說，很多人可能六十歲、六十五歲就退休了，退休之後就是含飴弄孫，不會再想到工作的發展了，但西本女士的例子告訴我們，就算已經七十歲，還是有機會展現自己的能量並精通它，創造出獨特的作品。

所以，生產者只要保持開放的心態，屬於你的人、事、物就會自動來到你面前，只要你透過「回應」，做出正確的決定，它就會帶領你去到正確的地方，讓你找到適合你的工作。

生產者的職場提問Q＆A

Q 我在工作上沒有感覺到滿足感，也沒有感到挫折感，這樣子算正常嗎？

A 這是正常的，大多數人也是這樣。

就像是運動，很多人都沒有運動的習慣，所以從來沒有體驗過運動後大汗淋漓、全身舒暢的感覺，因此不知道擁有健康、充滿活力的身體是什麼樣的感覺？不過，即使長期沒有運動的習慣，他也沒有覺得自己身體不好。

但是大多數人一定會接收到許多訊息，知道運動是好事、運動對身體健康很好，可是卻一直沒有培養運動的習慣，有些人可能要到身體比較虛弱，或是生病康復後，感受到健康的重要性，才開始運動。

工作也是一樣，由於許多人可能從來沒有聽過生產者在工作上要追求滿足感，要能獲得滿足感的工作才是適合生產者的工作，因此過往在找工作時，也不會以這個標準去尋找工作。所以找到的工作，可能就沒有在工作中感到滿足感，覺得工作就是花時間去上班，然後獲得薪水養家過生活，由於每個月都可以拿到薪水，這樣的生產者可能也沒有感到挫折感。

但有些生產者雖然一開始對工作沒有感到挫折感，可是在工作五年、十年、十五年後，他會覺得對工作越來越沒興趣，開始對工作厭煩，不想工作，這時他可能會興起換工作的念頭，但因爲在同一份工作已經做得太久了，要轉換工作跑道的難度實在太高，所以很多人想歸想，卻很難付諸行動。一直等到可以退休的時間，他就馬上辦理退休，因爲他不想再工作了。

其實這樣的情況也沒有問題，因爲每個人都有自己的選擇，都會選擇對自己最好的方式來過生活。

本書的主要目的是想告訴生產者可以有不同的選擇，一種是沒有滿足感，也沒有挫折感，像以前一樣的過生活。另一種選擇是讓自己開始往能讓自己獲得滿足感的工作前進，這可能需要一些時間，且需要一些努力，可是一旦找到了對的工作，想像以後你每天都能從你的工作中，不斷的獲得滿足感，那是什麼樣的感覺？

就好像你以前都不運動，但透過某本書、某個方式，讓你開始養成運動的習慣，並且持續運動一段時間後，那是什麼樣的感覺？

所以在工作中沒有滿足感，也沒有挫折感，這樣也是OK的，只是要問自己的問題是：「想不想找到能讓自己獲得滿足感的工作？」如果薦骨有肯定的回應，那就開始尋找，如果薦骨沒有回應，那繼續維持現況也可以。

Q 生產者的策略是等待薦骨的回應，但在找工作的時候也能這樣被動等待嗎？會不會錯過好機會呢？

A 我常把找工作分成兩種狀況：一種是自己去找工作，一種是來自朋友介紹，然後得到的工作。自己去找工作就是「主動發起」，朋友介紹的方式就是「等待回應」。

我問過許多生產者們，請他們回想過去找工作的經驗，是「主動發起」自己去找的工作結果比較好？還是「等待回應」透過朋友介紹的工作結果比較好？

大多數人回想之後，都會說「等待回應」透過朋友介紹的工作結果比較好。因爲生產者的策略是「等待回應」，所以如果按照自己的策略所得到的工作，結果就會比較好，而「主動發起」不是生產者的策略，雖然主動發起也能找到工作，但是結果可能比較不理想。

不過，很多人會覺得等待似乎太消極，擔心等待就會錯過好機會，這都是受到顯示者思維的影響，因爲對顯示者來說，他們想要什麼工作，就要主動發起去爭取這份工作，也就是「若要如何，全憑自己」，這樣的想法對他們是行得通的。

而且我們聽過許多顯示者成功的經驗，他們主動出擊，也如願以償得到他們想要的結果。因此我們的頭腦也會認爲我應該要主動積極去爭取我想要的事物與工作，這樣才不會錯過好機會！因此也就學顯示者「主動發起」，但非顯示者只要「主動發起」就會遇到抗拒，導致挫折與失敗。

當遇到失敗後，這時又會出現一種聲音，告訴你不要怕失敗、不要怕挫折，要面對困難、繼續努力，總會有成功的一天。

所以你又繼續「主動發起」，然後繼續感受挫折，可能有一天你在「主動發起」十次後成功了一次，你就覺得我終於做到了！所以我只要更努力，我就可以從十次成功一次，變成兩次、三次，我就會越來越進步。

大家對這種說法都會感到很熟悉，可能自己也是這樣做，但主動發起的結果，則是讓自己承受了非常多的挫折與失敗。

但人類圖提供了生產者另一種選擇，你可以試著不要「主動發起」，而是練習「等待回應」。如果你耐心等待，就會有適合你的人、事、物來到你面前讓你回應，讓你找到適合的工作。

但是，如果你眞的等不下去，太害怕錯過好機會，那你也可以試著「主動發起」，積極去爭取你認爲的好機會，看看結果會如何？

因爲只有當你親身實驗過，體驗過「主動發起」與「等待回應」各自會創造什麼樣的結果，透過比較後你發現眞的「等待回應」的結果比較好時，這樣你可能才會漸漸對「等待回應」有信心。

Q 我是一名生產者主管，團隊中有顯示者下屬、生產者下屬、投射者下屬，我與他們的相處分別該注意哪些地方？

Ⓐ首先你要找人問你一些問題：「你想要用人類圖的方式來對待你的下屬嗎？」「用人類圖的方式來對待下屬，可能會讓你覺得不習慣，你還是想用人類圖的方式來對待他們嗎？」

當你的薦骨對前兩個問題都有肯定的回應後，再以人類圖的方式來對待下屬，對你才是正確的決定。

對於顯示者下屬：你要好好跟他溝通，首先讓他知道，你想要他達成的目標是什麼？希望他做哪些事情？預計得到什麼結果？需要多少時間？然後由他來告訴你他想要怎麼做，他想要多久跟你報告進度，他想要如何做工作檢討，當雙方形成共識後，盡可能放手讓他自己去做，不要太過干涉，讓他有足夠的空間可以按照他的想法來做事。

對於生產者下屬：儘量把對於工作的要求，化爲問句來問他，請他用薦骨的聲音來回答，當他能發出肯定的聲音，代表他有能量做這件事。

如果他的薦骨發出否定的聲音，或沒有聲音，代表他不想做，這時你要轉換問題的問法，目標是讓他能發出肯定的聲音。

譬如問他：「你可以明天去出差嗎？」對方發出否定的聲音，表示他不想。但是，從工作的角度你需要他去出差，這時你可以把問題換成：「那你可以下星期去出差嗎？」這時他可能會發出肯定的聲音。這樣他就會有能量去完成出差這個任務。

對於投射者下屬；你要看到他的才能，邀請他做事情，譬如：「我覺得你很善於分析問題，我想請你去處理這個客戶抱怨的案子。」或「這個案子很複雜，你覺得該如何解決比較好？」

另外，還要邀請投射者想辦法去精通跟他工作有關的系統，當投射者對這系統越精通，他就越能夠協助客戶、同事及主管成功。

有些人可能會覺得這樣很麻煩，會認爲我是主管，我就直接告訴他們、命令他們做事就好了，這樣又簡單、又快速。但是爲了讓不同的下屬都能夠正確的運作，選擇適合他們的方式來做事，將可以發揮更好的效果，讓團隊更有效率，但前提是，你的薦骨必須對這麼做有回應。

Q 我喜歡現在的工作，但不喜歡一起工作的同事（爾虞我詐、惡性競爭），所以一直煩惱著要不要離職？

A 最簡單的方法是，找人來問你薦骨的問題：「你想離職嗎？」如果薦骨發出肯定的聲音，那就離職，如果是否定的答案，那就不要離職。

但是建議不要直接就問這個問題，而是先釐清一些相關的問題，譬如說：

「你喜歡你的工作嗎？」

「你喜歡你的同事嗎？」

「因爲討厭你的同事，所以你想要離職嗎？」

「如果你討厭的同事離職了，你還會想要離職嗎？」
「你想要跟你的同事改善關係嗎？」
「你可以不受討厭的同事影響，專心在你的工作嗎？」
「如果討厭的同事暫時都不會離開，你想要離職嗎？」

因爲雖然離職是一個方式，可以遠離你不喜歡的同事，但是換一家公司後，如果又遇到不喜歡的同事怎麼辦？

所以要問自己的薦骨，能不能不受他們的影響？能不能改變對他們的看法？因爲人具有多樣性，你能否就算不喜歡他們，但還是能夠接受他們的存在？還是只要有這樣的人存在，你就不想在這家公司上班？

如果釐清後的結果，你眞的無法跟他們共事，而薦骨也對離職有回應，那麼你就可以選擇離職。之後當你面試新公司時，特別要問清楚對方公司內有沒有類似的同事？如果有，那就不要進那家公司，直到找到一家沒有你討厭的同事的公司爲止。

還有一種方法，你可以試著尋求主管的協助，看主管能否改善團隊惡性競爭的況狀，因爲我們對待不喜歡的狀況可以有三種選擇：接受它、改變它、離開它，你也可以問你的薦骨，看你對哪一種選擇有回應，再採取相關的行動。

Q 我對目前的工作沒有回應，想換工作，但又不知道人生的熱情何在，我該如何找到真正適合我的職業呢？

A 因爲生產者的目標是要精通自己的能量，所以首先你要知道自己有什麼才能、技巧、技術，然後想辦法精通它，因爲當你精通一項才能後，便能夠透過這項才能創造出好結果，並從中獲得滿足感。

你可以檢視自己有什麼才能，然後精通它，再尋找相關的工作，這是一個作法。

要了解自己的才能，你可以尋找坊間任何有關性向測驗、才能檢測的工具都可以。你也可以利用人類圖這個工具，你可以去尋找個人解讀分析師，了解自己的設計，自己有什麼才能？你也可以去做職場解讀，探索自己在工作上的才能，協助你尋找適合的工作。

另外，你可以想想在過去的工作經驗及日常生活中，有沒有什麼事情是讓你很有熱情的？如果有的話，你可以研究是否可以把那些事情轉換成工作。

還有一個方式，就是讓你的薦骨帶領你，看它會不會幫你釐清你想做什麼工作？

你可以把你能想到的各種工作都寫下來，列出一張清單，然後請人問你：

「你想當工程師嗎？」

「你想當業務員嗎？」

「你想去咖啡廳工作嗎？」

「你想去當導遊嗎？」

「你想到國外打工度假嗎？」

……

就是先不要有預設立場，先不要想哪些工作適合或不適合自己？或是可行不可行？你可以想到什麼工作就寫下來，然後找人針對一個工作、一個工作的問你，或許你的薦骨會對某些工作有回應，你可以進一步考慮要不要去做那些工作？

當你透過薦骨回應來選擇工作，或許那就是適合你的工作、未來能讓你產生熱情的工作！

能量類型與非能量類型

關於類型，還有一種區分方式，就是分為能量類型與非能量類型兩種，顯示者跟生產者屬於能量類型，投射者與反映者則是非能量類型。在人群中能量類型占了大多數，合起來將近八成。

能量類型的設計：顯示者、生產者

能量類型的意思是在他們的設計中，四個動力中心（情緒中心、意志力中心、薦骨中心、根部中心）中至少有一個是有顏色的，而且這個動力中心的能量能夠穩定、持續、一致性的被使用（見第26頁圖3）。

在生產者的設計中，薦骨中心一定有顏色，代表著每個生產者（包含純生產者和顯示生產者）都擁有持續運作、穩定可靠、固定不變的薦骨能量，透過薦骨回應，可以穩定、持續的採取行動，然後把這些能量用來生產、工作。

而顯示者的設計，則是喉嚨會直接或間接的接到除薦骨中心外的三個動力中心（意志力、情緒、壓力），喉嚨是有關溝通與「發起」，因此顯示者可以透過有定義的喉嚨，把他動力中心的能量穩定、持續的顯示出來，主動發起。

所以能量類型的生產者、顯示者，能夠把他們動力中心的能量，持續、穩定的展現出來，顯示者是直接「顯示」，生產者則是透過薦骨回應來「生產」，也可以說在任何時間、任何地點，他們都能隨時使用他們動力中心的能量，按照策略來採取行動。

非能量類型的設計：投射者、反映者

非能量類型則包含了反映者及投射者，他們的設計中，則沒有可以隨時使用的動力中心能量，所以稱爲非能量類型。

反映者非常容易理解，因爲反映者的設計是九個能量中心都空白，所以四個動力中心自然也一定空白，所以反映者沒有可以隨時使用的動力中心能量，因此是非能量類型。

投射者相對比較複雜，也很容易讓人誤解。首先我們來看投射者的設計，投射者的薦骨中心一定是空白的，因爲薦骨有顏色是生產者的設計。而喉嚨中心可以有顏色，也可以沒顏色，但如果喉嚨有顏色，就不能接到動力中心，否則就變成顯示者了。

所以有些投射者的設計，四個動力中心都是空白的，大家就比較能接受這些投射者也屬於非能量類型。

但問題在於有些投射者的動力中心有顏色，可能是情緒中心、意志力中心、根部中心其中一個有顏色，甚至最多可能會有三個動力中心有顏色，大家就會困惑了，這些投射者明明動力中心有顏色，應該算是能量類型呀！爲什麼投射者也是非能量類型呢？

答案是，雖然這些投射者的動力中心有顏色，但是他們的動力中心的能量沒有出口，也就是他們的能量中心沒有接通到喉嚨，所以他們能量中心的能量無法顯示出來，因此即便是動力中心有顏色的投射者，還是屬於非能量類型。但我們會把這樣的設計稱爲能量型投射者（後面會再介紹），但投射者還是屬於非能量類型。

能量類型與非能量類型的最大差異

所以能量類型與非能量類型最大的差異，便是在於能量類型能夠隨時使用他們動力中心的能量，因此他們可以隨時運用他們的策略，譬如顯示者隨時主動發起，在他們要做出決定前，先「告知」跟這決定有關的相關人等，然後就可以做出決定了，所以顯示者可以隨時使用他的能量來「顯示」。

生產者則是只要薦骨有回應，這回應可以是他聽到的聲音、他看到的影像，根據任何來到他面前的訊息來做出回應，所以生產者可以隨時運用他的能量來「生產」。

也就是說能量類型的人可以隨時運用他們的策略，顯示者可以隨時「告知」，生產者可以隨時「回應」。

但非能量類型的人因爲無法隨時使用他們動力中心的能量，因此他們不能隨時運用他們的策略，投射者要先等人來「邀請」他，反映者做決定要等二十八天，所以非能量類型要使用他們的策略需要時間。這是能量類型與非能量類型設計的最大差異。

另外，能量類型的人重點在讓事情發生、「做」事情，而非能量類型的人的重點則是協助能量類型、管理能量類型，讓能量類型在使用他們的能量時能更有效率，並走在對的方向上。

所以前面我們了解了能量類型的顯示者、生產者，知道他們要如何的透過策略來「做」事情，接著介紹非能量類型的投射者、反映者，看看他們的設計，是如何的來協助能量類型，讓四種類型形成一種和諧、有效率的整體。

4

投射者

投射者在人群中大約占二一％，英文是Projector，也就是投影機。Projector一詞主要是形容投射者的能量場，就像是投影機一樣，向外投射出去。

不同於顯示者跟生產者從其名稱即可大概知道意思，顯示者就是把他想做的事情「顯示」出來，然後影響他人，發揮影響力。生產者就是透過薦骨能量來「生產」事情，並從中獲得滿足感。

投射者則是要「投射」什麼東西呢？「投射」的目的是什麼呢？所以要了解投射者，必須先了解投射者的兩個特性，首先我們要了解投射者的能量場，其次則要了解投射者是屬於非能量類型。

投射者的能量場

投射者的能量場是從投射者的正面向前投射出去，它是一種狹窄的、聚焦的、集中的能量場，就像是燈塔的探照燈一樣，往正前方直直的投射出去，聚焦在一個點上。

就像探照燈可以透過它的光線看清在黑暗中有什麼東西，投射者的能量場，是一種探索的能量場，投射者的能量具有穿透性，它被設計成可以穿透另一個人。

但其實投射者的能量場比較像是一個平放的三角錐，由大到小，投射者這邊是大的這一邊，小的那一邊是他所投射出去的方向，當投射者遇到另一個人時，投射者的能量場自然的就會聚焦在對方身上，穿透對方的能量場，然後聚焦到對方的G中心，它會專注於此，去探索、辨認對方的G中心。

G中心是有關身分（特性）及自我認同，因此投射者透過他探索的能量場，能夠辨認出對方的天賦、特性與才能，這是投射者特別的設計，也是投射者最獨特的天賦。

投射者的焦點在別人身上，喜歡研究別人。這種聚焦在對方，探索對方的設計，讓投射者有個傾向，就是天生會對其他人非常感興趣，想要了解其他人是如何運作的，相對的，投射者對了解自己則比較不感興趣。

形成投射者的方式：薦骨中心空白、喉嚨中心可以空白或有顏色，但如果喉嚨中心有顏色，不能接到動力中心（見圖9）。

首先投射者的薦骨中心一定是空白的，因爲如果薦骨中心有顏色，他就會是生產者。

投射者的喉嚨中心可能是空白的，也可以有顏色。但如果喉嚨中心有顏色，不能接到除薦骨外的三個動力中心（意志力中心、情緒中心、根部中心）其中之一，不然就變成顯示者了。

投射者的特性

在四種類型中，生產者想要認識自己，知道自己有什麼天賦才能；顯示者想要知道自己有什麼影響力；反映者則是想要知道人與環境的關係。所以這三種類型比

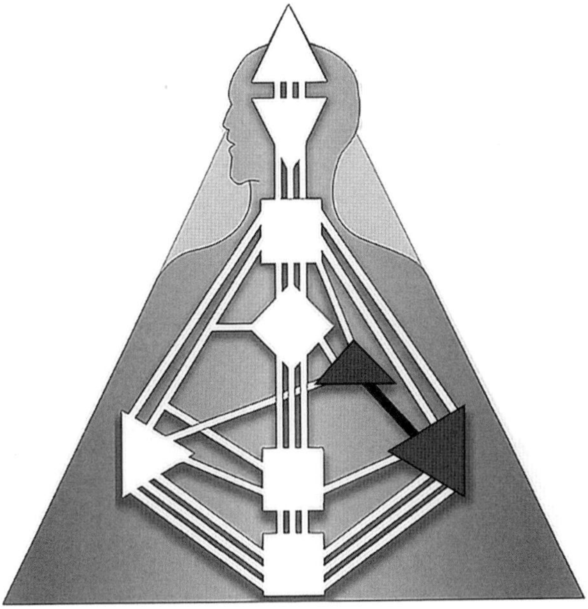

（薦骨中心空白、喉嚨中心空白）

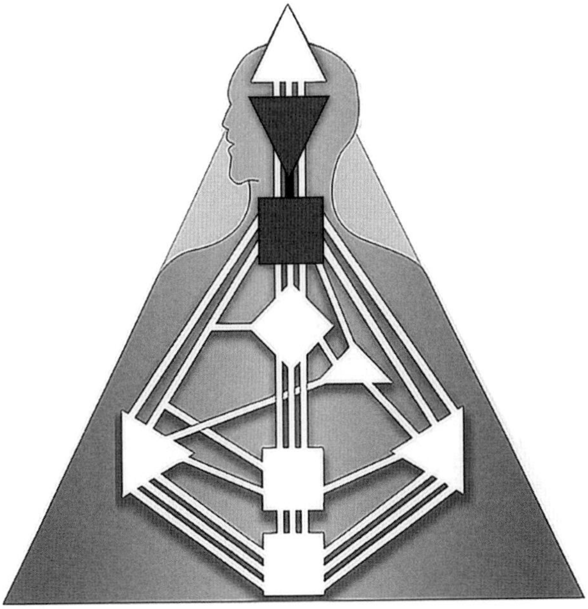

（薦骨中心空白、喉嚨中心有顏色但沒接到動力中心）

圖9

較在乎「我是誰？」這個問題，因爲投射者一直向外投射、向外看，所以相對於其他三種類型的人，可能會對「你是誰？」這個問題更感興趣。

透過研究別人來了解自己

由於投射者的能量場是向外投射的，是來「看」這個世界的，投射者對於研究別人很有興趣，往往是透過研究別人來了解自己。

例如，當投射者進入一家餐廳時，很自然的就會觀察別人，看看別人點了哪些菜，選了哪些食物，哪些菜會被吃光光，哪些菜剩下的比較多，然後綜合自己的觀察，知道哪些食物是最受歡迎的食物，再根據這些觀察到的結果作爲他自己點菜的依據。

在人類圖裡也是一樣，投射者對於研究別人的圖可能比研究自己的圖更感興趣。在投射者深入研究了其他人的設計後，最後會增進對自己的了解。

投射者擅長一對一的互動

就像探照燈只能打向一個方向，投射者的能量場一次只能聚焦在一個人身上，當投射者進入一個已經有兩個人的房間，跟其中一個人說話，他的能量場就只投射向這個人，自然會冷落了另一個人，所以投射者擅長一對一的關係，不擅長一對多的關係。

最明顯的例子就是，當一群人聚在一起，譬如參加雞尾酒會時，最後很容易看到投射者都是一對一的跟另一個人在聊天，因爲這是他們擅長的事情，也是適合他們的方式。

「辨認」是投射者的核心

投射者除了具有辨認別人的能力，更重要的是要讓別人辨認出投射者的才能。

就像力有分成「作用力」跟「反作用力」，當投射者的能量場投射到另一個人身上去「辨認」對方的才能時，同時會產生一個反應，就是對方同時也會有機會可以「辨認」出投射者的這項能力。

對投射者來說，擁有「辨認」別人的能力，或擁有「辨認」別人才能的系統，進而協助別人，讓別人做事更有效率，這是投射者走向成功的必要條件，也是投射者要努力的功課。

要執行投射者的策略「等待邀請」時，有個前提是別人必須看到投射者的才能，才會來邀請投射者，也就是說別人必須「辨認」出投射者的才能，才會邀請投射者，所以投射者的策略不是靠自己就行，必須等待別人來「邀請」。

投射者的個人成就，取決於他的周圍有沒有正確的人。對投射者而言，在他周圍的人很重要，周圍的人必須能夠辨認出投射者的才能，進而邀請投射者，讓投射者來發揮才能。因此，「辨認」與「被辨認」對投射者是非常重要的事！

透過協助或管理讓能量類型更有效率

非能量類型的作用，就是來協助、管理能量類型，投射者因爲可以辨認其他人的才能，知道誰可以把事情完成，所以可以辨認出各種能量類型的特點，因此，投射者是兩種能量類型（顯示者與生產者）之間的中間人。投射者有能力把顯示者跟生產者連接起來，讓顯示者與生產者之間達成平衡，更重要的是，投射者能夠使能量類型運作的更有效率，這是投射者的主要功能。

但投射者要特別注意的地方是，由於投射者不是能量類型，不像能量類型能夠隨時運用自己的能量去「做」事情，所以投射者的重點是協助能量類型完成事情，而不是自己跳下去把事情完成。

舉例來說，投射者就像是足球隊裡的「中場球員」，在前鋒（顯示者）跟後衛（生產者）之間移動，聯繫起前鋒與後衛，負責調度球員，指導整場比賽，組織球隊進攻與防守，最終協助球隊贏得勝利。

但所謂的「投射者的重點是協助能量類型完成事情，而不是自己跳下去把事情完成」，也不是說投射者就不能跳下去把事情完成，就像中場球員有時也能夠進攻射門得分，但這不是他的主要角色，他的主要角色是協助前鋒攻擊，聯繫後衛防守，讓其他人發揮各自的功能並更有效率。

投射者適合引導其他人

投射者不是生產者，也不是顯示者，無法像生產者一樣「生產」，也無法像顯示者一樣「顯示」，但他會對「生產」跟「顯示」的能量很敏感。

加上投射者可以辨認出其他人的天賦和潛能，因此投射者可以辨認出生產者「生產」的能量以及顯示者「顯示」的能量，然後「引導」生產者及顯示者展現他們的天賦和潛能，或是「指導」他們表現得更好，「指導」他們更有效率，「指導」

他們獲得成功，這就是投射者存在的意義。

投射者需要精通一套系統

雖然投射者存在的意義是「引導」或「指導」其他人，但不是每個投射者一出生後，在成長過程中自然而然就擁有了「引導」別人的能力。所以投射者就必須要有工具，或者說是要擁有一套系統，經由這系統來得到「引導」其他人的能力。

對投射者來說，最重要的一件事情就是要「精通一套系統」，透過這套系統，了解跟這系統相關的人、事、物如何運作，這樣才能「指導」別人。並且透過「系統」辨認出其他人的能力，知道如何讓其他人能運作得更好，唯有「精通一套系統」或「掌握一套系統」後，這時的投射者才具有「指導」其他人的能力。

所謂的「系統」，可以是任何東西、事物，譬如醫生是一個系統，廚師是一個系統，工程師是一個系統，英文是一個系統，行銷是一個系統……等，當投射者精通了一套系統，並能夠掌握這套系統，知道了系統內的事情是如何運作後，他就可以引導、協助別人，並且讓事情變得更有效率，這就是投射者開始找到成功的時候。

生產者「精通自己的能量」與投射者「精通一套系統」

我們在生產者的單元介紹了生產者要「精通自己的能量」，因爲生產者的重點在認識自己，然後利用自己的能量來生產事物，所以生產者必須「精通他的能量」才能獲得滿足感。而投射者的焦點在別人身上，要「精通一套系統」，透過這系統來指導別人，讓其他人運作的更有效率。

但這會產生一個問題，當投射者要去指導生產者時，生產者會產生一個困惑，「你憑什麼來指導我？」「你有做得比我好嗎？」「如果你沒有做得比我好，爲什麼你可以指導我？」

對於這些疑問，我們可以用「球員」與「教練」的關係來解釋，生產者就像是球員，而投射者則是教練，生產者球員會專注在自己身上，練習每一個動作，一步一步的追求完美，最終目標是要精通自己的能量。

而投射者教練則是透過對這項運動整個系統的精通，把這系統當作工具來觀察球員，糾正球員錯誤的動作，對正確的表現給予鼓勵，目標是協助球員更進步、更成功。

如果把運動當作一個系統來看，它不是只有練習而已，還有比賽、擬定策略、賽後檢討……等，生產者有可能主要把他的能量放在精通運動本身而已，對於其他的部分不一定都會精通。

而投射者則是要精通這項運動的整個系統，包括教練在比賽前要訂定策略、給予球員心理建設，比賽中適時調整球員的進攻或防守行爲，賽後則會提供檢討與回饋，透過教練的協助、指導，球員就會越來越進步。

但是教練會比球員表現得更好嗎？不一定，許多世界球王、球后、運動明星的教練不一定也是球王、球后，但因爲這個教練精通了這項運動的整個系統，因此他才能夠對球王、球后提供指導。

還有一個重點是：這個球員能不能「辨認」出教練有指導他的能力？就像生產者是否能夠辨認出投射者的才能一樣，當生產者能夠辨認出投射者確實精通跟生產者有關的系統，確實看到投射者對生產者是有幫助的，這時生產者才會邀請投射者來指導他。

投射者接受越多教育越好，學習越多知識越好

我們所在的世界是由各種系統構成的，譬如天氣是一個系統，社會是一個系統，公司是一個系統，在每一個人四周充滿了各式各樣的系統，而在每一個系統中都充滿了各種不同的知識。

對投射者的發展過程來說，他要盡可能接受越多的教育、越深的教育越好，因爲受到的教育越多，自然就會對他學習的系統越精通。當投射者接受了越多、越好的教育後，周圍的人就越有機會能夠看到投射者的才能，「辨認」出投射者的才能，這樣才會對投射者提出邀請。

教育不是只限制在大學、碩士、博士這種傳統的學校教育，任何方面的教育都可以，譬如廚師的教育、管理學的教育、電腦語言的教育……等，因爲投射者接受了越多的教育，他自身的能力就可以得到越多的提升，也就越有機會得到其他人的認可。但重點是，這些教育最好是跟投射者想要精通的系統有關。

投射者學習的知識最好越詳細越好，學習得越深入越好，要能夠比其他人學得更多、更深入。或許投射者可能要學習系統內一些對其他人來說並不重要的知識，但唯有獲得一個系統完整的知識，然後精通這套系統，投射者才能發揮出自己眞正的力量。

如何衡量投射者是否活得健康？

投射者追求的是「成功」，一個覺得自己「成功」的投射者，就是健康的投射者，另一個簡單的說法是：投射者追求的成功，是以協助別人成功爲成功。

投射者健康的狀態：成功

因爲投射者的焦點在別人身上，可以看到別人的天賦與才能，所以投射者喜歡幫助別人，如果能夠透過投射者的協助，讓其他人變得更好、更成功，投射者會感到非常開心，這種協助別人成功的結果，會非常的滋養投射者，讓投射者變得更健康，然後繼續去協助別人成功。

投射者要獲得成功的話，首先必須「精通一套系統」，透過對這套系統的掌握，讓投射者可以「引導」別人，讓別人可以把事情做得更好，或更有效率。所以說，投射者追求的成功，是以協助別人成功爲成功。如果投射者沒有「精通一套系統」，他就無法得到「成功」。

投射者不健康的狀態：苦澀

苦澀是什麼意思呢？就是當被不公平對待時的一種憤怒。

用一個例子來解釋投射者的苦澀：有一群人遇到了一個重大的問題，大家已經討論了一、兩個小時，還是沒有答案，不知從何下手。突然間，投射者靈光一閃，想到解決方法了，就很高興的站起來對著所有人說：「大家聽我說，我找到解決方法了，解決方法就是〇〇。」當他說完之後，其他人面無表情，沒有任何反應，投射者覺得或許〇〇這個方法也不行吧，看起來大家都不認同，然後就坐下來繼續思考下一個解決方法。

但過了十分鐘，有另外一個人A突然說：「我覺得解決方法就是〇〇！」當A君一說完之後，就有人說：「對耶！就是這個方法，這個方法太好了，真是太棒了，A君你怎麼會想到這麼好的想法，你眞是太厲害了！」大家就一起鼓掌，並不斷讚美A君能夠想出解決的方法。

這時候投射者就傻眼了，內心想說：「我剛剛不是說過了嗎？一模一樣的話，爲什麼我說出來的時候大家都沒有反應，而A君說了同樣的話，大家就贊成，覺得是個好主意，這是對我有偏見，歧視我嗎？」

這時投射者的內心就會充滿「苦澀」的感覺，明明是投射者先提出這個解決方法，但卻沒有人支持，沒有獲得肯定與獎賞。而A君說了，大家就拍手叫好，這很明顯是不公平的對待，因此投射者心中就會產生憤怒，可是投射者卻無法把這種憤怒的感覺表達出來，因爲別人根本不知道！

爲什麼會這樣呢？明明投射者說出了答案卻沒有用，別人說出一樣的話卻得到讚賞？這都是因爲投射者「主動發起」的原因，投射者的「主動發起」是違反他的策略的，因此就會遇到抗拒。

所以投射者最常遇到的苦澀，通常都是來自這種因「主動發起」而遇到抗拒所產生的苦澀，加上明明是好心好意，明明是正確的建議，明明是有用的作法，但卻無法被接受、被肯定，因而內心產生「苦澀」的感覺。

另外一種「苦澀」，就是投射者覺得自己的才能沒有被看見，覺得自己眞正的樣子沒有被看見，覺得周圍的人都不了解他，就像是「懷才不遇」一樣，也會讓投射者有苦澀的感覺。

還有一種情況可能也會讓投射者覺得苦澀，是當投射者沒有精通一套系統，因此無法透過一套系統來引導其他人，獲得成功的感覺時，投射者也會覺得苦澀。

因此，如果一個投射者不了解自己的策略是要等待「被邀請」，卻一直讓自己變得像顯示者一樣，拚命主動發起，一直表達意見，希望其他人能看到投射者的才能，這樣是不會有效果的，這樣的行爲只會讓投射者越來越苦澀！

投射者的策略：等待被邀請

投射者的策略是「等待被邀請」，這可以分成幾個部分來說明。

首先，策略是有關於「做決定」，所以「等待被邀請」也是關於投射者要如何做決定，不過，這些決定主要是關於四大類：工作跟事業，愛情跟婚姻，居住地以及人脈的連結。

以工作爲例，當一個投射者要找工作時，他要決定從事什麼工作時，最好是來自「被邀請」，隨後再做出決定，這是適合投射者選擇工作的方式。

但是，要實施這個策略不是一件容易的事。大部分的情況是，當投射者將要從學校畢業，準備開始找工作時，在畢業即失業的氛圍中，所有同學都主動積極的在找工作，投射者也會跟著開始找工作，大部分的投射者便開始主動發起，主動投履歷，主動去尋找面試的機會。

當然，這樣「主動發起」的去找工作，也是能找到工作，也能順利去上班，開始發展自己的職業生涯，但因爲這不是按照投射者的策略，找到的這份工作，通常會比較不順利，結果會比較不好。

但有些投射者因緣際會下，用到了他的策略來找工作，譬如周圍的朋友及家人跟他說：「最近○○公司在徵人，你要不要去試試看？」「我覺得你很會寫程式，你要不要去台積電應徵工程師？」如果是來自別人的邀請，然後採取行動，獲得工作，這樣得到工作的結果通常比較好。

有人會對此感到困惑，不都是一樣在找工作，爲什麼別人介紹（來自被邀請）的結果就比較好，主動發起去找的結果就比較不好？

投射者如何正確地進入一份工作？

從人類圖的觀點，一件事情「好」或「不好」，主要是看你如何「進入」這件事情？當你是正確的進入這件事情，也就是正確的進入一家公司，正確的得到一份工作，你在這家公司、這份工作的結果就會比較好；而如果你是不正確的進入這份工作，這工作的結果就會比較不好，而要如何才能正確的進入一件事情呢？就是要按照你的策略跟內在權威來做決定。

當然「好」與「不好」是非常主觀的，你覺得不好，可能別人卻覺得很好，所以判斷的依據是由投射者來判斷，如果你是投射者，可以回想一下，在過去的求職經驗中，是你自己去找的結果比較好？還是別人介紹（來自被邀請）的結果比較好？

大多數的投射者回想之後，常常會發現透過別人介紹的工作，結果都比較好！因爲這是來自「被邀請」所得到的結果，如果投射者按照自己的策略所做出的決定，因爲是正確的進入工作，比較容易得到好的結果。

但這裡會有一個問題，就是要比較結果是「好」還是「不好」，必須是兩種不同作法的比較，所以一個投射者要有「主動發起」的求職經驗，以及「等待被邀請」的求職經驗，才能夠比較這兩者的差異。

如果一個投射者畢業之後進入一家公司，然後做了十年、二十年，甚至做到退休，他只有一次的求職經驗，這樣便無法比較運用了人類圖策略、跟沒有運用人類圖策略的差異。

不過，即使是這樣的情況，他在實際的工作經驗中，還是會有「主動發起」跟「等待被邀請」的機會，他依然可以從平時的工作實務中，回想過去「主動發起」跟「等待被邀請」的經驗，哪一種方式比較順利？哪個結果比較好？一樣可以比較差異。

在愛情跟婚姻部分，如果投射者主動發起進入一段關係，結果可能比較不順，如果是被邀請進入一段關係，結果會比較好。但有時很難定義一段關係是「好」還是「不好」？因此在人類圖有一個觀點，就是只要一段關係是超過七年以上的關係，就是一段成功的關係。

選擇居住地跟人脈的連結也是一樣，如果來自被邀請，隨後採取行動，通常結果都會比較好。

等待被邀請為什麼這麼重要？

因爲投射者存在的目的是要指導其他人，而要能指導其他人的前提是投射者已經精通了某一個系統，掌握了某一個系統，透過對這系統的精通，才能指導其他人，讓其他人變得更有效率。

但就算投射者精通了一個系統，擁有指導別人的能力，甚至投射者的特性是喜歡協助別人，幫助別人成功，投射者可能會很積極的想要幫助別人。可是只要投射者「主動發起」，就會導致其他人的抗拒，這是因爲投射者是非能量類型，當投射者「主動發起」時，其他人會覺得投射者要奪取他們的能量，便會拒絕投射者。

如果是周圍的人辨認出投射者的能力，看到投射者因爲精通某一個系統，可以協助周圍的人更成功，所以周圍的人便對投射者提出邀請，透過邀請，周圍的人是把他們的能量交給投射者來使用，這時投射者所說的話，所做的事，才會被周圍的人所接受，才能眞正產生效果。

因此要提醒一些熱心的投射者，當看到周圍的人哪些地方做錯了，或哪些事情可以做得更好，或純粹只是想要幫助別人，但你只要「主動發起」，你熱情、主動的給對方建議，幫對方做事，通常都沒有好結果，周圍的人也不會領情，最後只會讓投射者變得更苦澀而已。

透過邀請找到通往成功的方向

「精通一套系統」是爲投射者帶來成功的前提，但投射者在還沒「精通一套系統」的時候怎麼辦？

就像剛從學校畢業的投射者，除了之前有過實習、打工的經驗外，大多數人面試時只能依靠學歷、社團經驗以及個人的應對來獲得考官的青睞，這時可能還沒有熟悉他即將工作的「系統」，也就無法因爲已經「精通一套系統」來獲得別人的肯定。

反倒是透過工作的錄取，有機會開始學習這份工作，了解這份工作，最後達到精通這份工作，當投射者一步一步、越來越「精通這份工作的系統」，將可以把工作做得越來越好，進而協助別人，讓別人獲得成功，自己也獲得成功。

但前提是，必須正確地進入這份工作，也就是說投射者必須透過策略，透過「被邀請」進入一份工作，然後由這個正確的邀請，找到適合他的事情，開始學習、研究這套系統，最後達到精通這套系統，在工作或社會環境中開始引導其他人，最後獲得成功。

奇妙的邀請

如果你是投射者，曾經有過成功的「被邀請」經驗，你會明白，這個邀請，可能不是你預期的，也不會是你計畫得來的，可能是你從來都沒想過的事情，但邀請就這麼奇妙的來到你的面前。

「邀請什麼時候會來？」「到底是誰會來邀請我？」這是一個沒有答案的問題，當一個投射者心中在想著這兩個問題時，也就是投射者一直想要得到別人的邀請時，這時的投射者心中就有了發起的念頭，在這種情況下通常不會有邀請出現。當一個投射者越想得到邀請時，這時候就越不會得到邀請。邀請常常出現在投射者完全沒想到的時候，所以我才稱這做「奇妙的邀請」。

身爲投射者，你要明白這個機制，然後耐心等待，等待適合你的邀請來到你面前，邀請你到適合你的地方，讓你正確的進入一件事情，再慢慢熟悉這個系統，透過精通這個系統來得到成功。

讓對的邀請來引導你，讓你能實現你的潛力，這邀請永遠不會太晚。前提是，你要保持健康的狀態，就是不要主動發起。你不可能一邊試圖發起，一邊又在等待。

這種神奇時刻不是只有投射者才有，每種類型都可能遇到，就像在生產者部分介紹一位朋友因爲對花藝課程有回應，然後一步一步走向全職做花藝的工作，並從中獲得滿足感，這也是一種奇妙的回應。

非自己的狀態下，得不到正確的邀請

如果一個投射者都是活在「非自己」的狀態，把自己活得像是顯示者或生產者一樣，不斷的發起，這時的投射者是非常不健康的，別人看到的也是一個不健康的投射者，無法看到這個投射者眞正的才能以及眞正適合他做的事情，對的邀請自然也就不會出現。

唯有讓自己活在健康的狀態，耐心的等待，才有機會看到適合你的邀請向你走來，在這等待的時間裡，你能做的就是儘量學習你想掌握的系統，確保自己眞正的「精通一套系統」，自然會有人看到你的才能，然後對你提出邀請。

投射者的代表人物

三國時代的諸葛亮，可以說是投射者的代表人物，歷史上有名的「三顧茅廬」，就是劉備邀請諸葛亮的故事，劉備看到了諸葛亮的才能，一次又一次的邀請諸葛亮來協助自己，透過劉備的邀請，讓諸葛亮一步一步的協助劉備，對劉備提出「三分天下」的建議，最後達成魏、蜀、吳三國頂立。

三國時代有許多風雲人物，有些人可能是「毛遂自薦」，得到領導者的賞識，這樣的人物可能是顯示者，因爲他可以主動發起。有些人可能是響應領導者的號召，他們可能是生產者，對於領導者的號召有回應，因而追隨這些領導者。唯有投射者必須等待被邀請，當其他人看到投射者的才能來邀請他時，這樣的投射者才會真正被看見，真正被珍惜。

投射者的困難

由於投射者是非能量類型，無法像能量類型的顯示者、生產者能夠隨時的運用策略，顯示者可以隨時發起，他只要做決定前告知跟這決定有關的相關人等就好了，因此顯示者可以隨時告知。生產者可以回應來到他面前的任何訊息，可能是看到的影像、聽到的聲音、感覺到的事情，因此他也可以隨時回應。

這代表能量類型的設計幾乎每天都可以嘗試他們的策略，甚至隨時都可以運用他們的策略，可是投射者的策略只有在遇到生活中的重大決定時才能運用，因此投射者可能很少會收到邀請，甚至是很長一段時間都沒有收到邀請，投射者要運用自己的策略相對比較困難。

有些投射者會有錯誤的想法，認爲如果要得到別人的邀請，他可能要先去邀請別人，因爲禮尚往來的關係，投射者心想如果他常常主動邀請別人，那麼別人應該也會邀請他吧！

但是這其實會造成反效果，因爲主動發起去邀請別人的投射者，很容易就會受到周圍人的抗拒，造成對方的反感，對方反而更不會邀請投射者。

對別人很容易就可以做到的事情（譬如顯示者可以發起，生產者可以回應），投射者在不了解自己的設計前，會覺得自己也可以向別人學習，按照別人的方法來做事，可是這樣並無法得到好結果，當感受到周圍人的抗拒時，反而更增加了投射者心中的苦澀。

做自己真心喜歡的事情

我建議投射者在沒有被邀請時，可以去做自己眞心喜歡的事情，這樣將會使投射者開心、保持心情愉悅，因爲投射者需要被別人「辨認」出來，在別人看到投射者的才能後，才會來邀請投射者。當別人看到的是一個快樂的投射者，也比較會想要邀請投射者。

但做自己眞心喜歡的事情要注意兩點，第一是不能耽誤正事，就是不能影響到工作及日常生活該做的事，假設因爲喜歡看電影，就拚命熬夜看電影，導致沒精神上班，這樣是不對的。

第二點是，如果眞心喜歡的事情剛好是投射者想要精通的系統，這是更理想的狀況，因爲做越多自己喜歡的事情，就可能越精通這一套系統。但並不是一定要相關，只要有機會透過做自己眞心喜歡的事情，讓投射者的內心能夠回到平靜，保持喜悅的狀態就可以了。

從小孩成長的過程來了解投射者

對投射者來說，策略是「等待邀請」，但在少年時期，幾乎不會有工作與事業、愛情與婚姻、居住地的邀請，這時候主要是「人脈連結」的邀請，透過邀請，才會有正確人脈連結的機會，但如果父母不知道人類圖，就可能對投射者小孩提供不合適的建議。

譬如有個投射者小孩，在學校時想跟同學一起玩，可是同學都不理他，回家跟媽媽抱怨，媽媽就告訴他要多主動去找同學，幾次之後就會玩在一起了，小投射者聽了媽媽的話，下課就積極去找同學，甚至還送同學禮物，但是同學還是不想跟他一起玩，甚至有點排擠他，這讓投射者小孩很受傷，常常悶悶不樂，也開始不太想去上學。

這種就是不了解人類圖的投射者小孩常會遇到的狀況，當投射者小孩「主動發起」去做事情，沒得到好結果，父母一定會鼓勵他再試一試，再努力一點，多主動一定會有機會，但如果事情持續沒有好轉，投射者小孩有可能往負面方向思考，「我就是不夠好，所以同學才不想跟我一起玩！」「我一定是很奇怪的人，不然他們爲什麼不理我？」

後來媽媽學了人類圖，就建議小投射者不要再「主動發起」去找同學玩了，要等同學來邀請他，如果沒有人邀請，就去做自己眞心喜歡的事情。這小投射者喜歡玩扯鈴，而且玩得很好，所以下課時就自己一個人在旁邊玩扯鈴，玩了一陣子之後，有一天，同學們跑來跟他說：「你扯鈴玩得這麼好，可不可以教教我們？」這就是一個「邀請」，於是投射者就開始教他們扯鈴，後來大家就變成比較熟的朋友，從此就會一起玩了。

這是幸運的投射者小孩，因爲父母提供了適合投射者的建議，做自己眞心喜歡的事情，然後等待被邀請，正確地進入人脈的連結。

但如果是不了解人類圖的投射者，有可能因爲「主動發起」都沒有得到好結果，投射者就會開始變得保守，相對被動，可是父母、同學、朋友就會跟他說：「你太被動了，這樣不太好！」所以他又試著主動，但又不順利，到最後就變成不知道要主動積極好，還是按照自己習慣的方式繼續等待好？

投射者內心的問題

投射者心中會一直問的問題是，「我會被邀請嗎？」「我能被辨認出來嗎？」因爲「被別人辨認出來」對投射者是非常重要的，這樣才會有邀請的發生，只有辨認出投射者才能的人才會邀請投射者，才會給予投射者需要的機會，讓投射者活出他自己。

投射者只要一主動發起就很容易被抗拒，就算再好的建議都不會被接受，因而感到苦澀，然後進入怨天尤人的狀態，逐漸變成了不健康的投射者。當一個投射者陷入不健康的狀態，就是出現一副苦澀的模樣時，別人就更不容易看到他的才能，更不用說會來邀請他了。

所以，投射者必須要有耐心，不要發起，要練習等待，建議投射者不用花心思自己主動去找「邀請」，也不用去想邀請會不會來，反而要把重點放在如何讓自己處在正確的狀態，在生活中保持正確，讓自己成爲一個健康的投射者，就像是花朵一樣，當你自然的展現出你原本的樣貌，綻放出屬於你自己的美麗花朵，周圍的蜜蜂、蝴蝶自然的就會來到你的身邊。

投射者與睡眠

對投射者來說非常重要的事情是，他們必須在筋疲力竭之前就上床睡覺。「筋疲力竭時上床」是屬於生產者的睡眠方式，生產者在工作完一天，運用完所有的能量，達到筋疲力竭的狀態時上床睡覺，這是生產者要做的事。

但投射者要在「累」之前就必須在床上躺下休息，可以做些自己喜歡做的事情，像是看看書、聽聽音樂，讓自己處於一個放鬆、舒服的姿勢，然後讓自己慢慢進入睡眠狀態，這是適合投射者的睡眠方式。

三種投射者：能量型、經典型、頭腦型

投射者是四種類型中最複雜的設計，因爲投射者有顏色的中心可以從兩個到八個，而且具有多種內在權威：情緒內在權威、直覺內在權威、意志力內在權威、自我投射內在權威以及無內在權威。

如果投射者再往下分類，可以分成三種類型：能量型投射者、頭腦型投射者、經典型投射者。這三者的區分方式是看動力中心以及喉嚨中心。另外，內在權威也是分辨這三種類型的方式之一。

首先看能量中心，如果一個投射者的三個動力中心（情緒中心、意志力中心、

根部中心）中至少一個有顏色，就屬於能量型投射者。如果這三個動力中心都是空白的，就是經典型投射者或頭腦形投射者。

1. 能量型投射者

能量型投射者至少有一個動力中心有顏色（如圖10）。很多人這時會感到困惑，因爲投射者不是屬於非能量類型嗎？怎麼又出現能量型投射者這個名詞？

我們在前面介紹了人類圖的

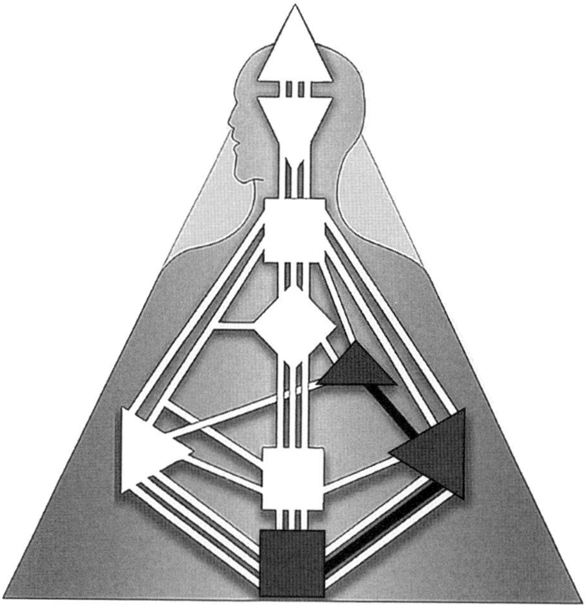

圖10

四種類型可以分成能量類型跟非能量類型，這兩者的主要差別是能量類型的能量中心有可以穩定輸出的出口，譬如顯示者擁有穩定的顯示能量（喉嚨中心接到動力中心），可以透過喉嚨中心把能量顯示出來。

生產者則擁有穩定的生產能量（薦骨中心有顏色），因此可以透過薦骨回應把能量生產出來，所以能量類型設計的特點是可以穩定的「顯示」與「生產」。

非能量類型包含了投射者跟反映者，他們沒有穩定輸出的能量，所以是非能量類型。非能量類型並不代表他們就沒有能量，譬如能量型投射者的設計中，就至少有一個能量中心（情緒中心、意志力中心、根部中心）是有顏色的，所以還是擁有持續運作的能量，問題在於這些能量沒有固定的出口（因爲沒有接到喉嚨中心），無法一致性的使用，所以這些能量型投射者還是屬於非能量類型。

能量型投射者占了投射者的八成以上，大多數投射者都屬於能量型投射者。

能量型投射者的問題是他有固定運作的動力中心，但是卻沒有穩定的出口，因此會造成能量的累積，當能量累積到某個程度就可能會爆發。所以能量型投射者的問題是他會比其他兩種類型投射者更容易也更想要主動發起。

能量型投射者的內在權威有：情緒內在權威、直覺內在權威、意志力內在權威。

2. 經典型投射者

經典型投射者跟頭腦型投射者的設計，他們沒有一個動力中心是有顏色的，也就是四個動力中心都是空白的，兩者的區分方式是看喉嚨中心。

只要喉嚨中心是有通道向下接通的設計，就是經典型投射者（如圖11），如果喉嚨中心只有通道向上接通的設計，就是頭腦型投射者（如圖12）。由於經典型投射者四個能量中心都空白，沒有持續運作的能量，所以經典型投射者的設計，如果能夠指導別人工作，委派別人工作，將比自己動手做更適合。

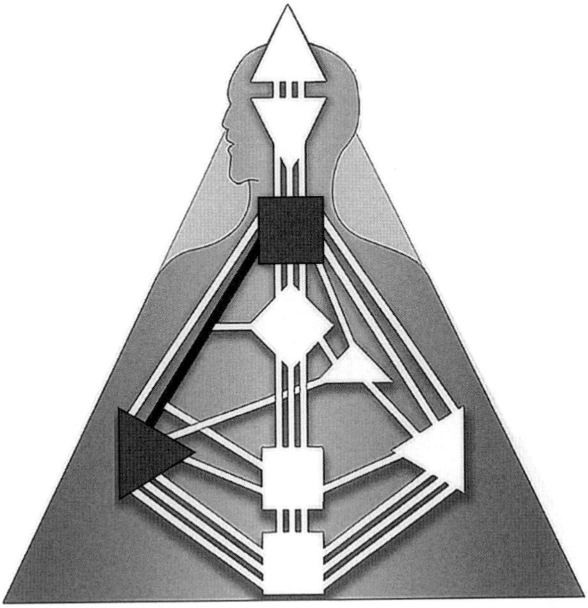

圖11

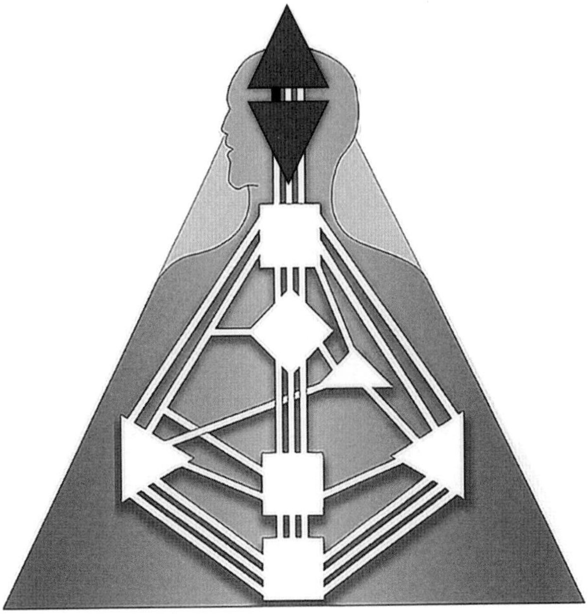

圖12

經典型投射者的內在權威有：直覺內在權威、自我投射內在權威。

3. 頭腦型投射者

頭腦型投射者的特點就是喉嚨中心以下全部空白，喉嚨中心有通道往上連接。它有分成三種情況，一種是喉嚨中心往上接到邏輯中心，再接到頭腦中心。第二種是喉嚨中心接到邏輯中心，但頭腦中心空白。第三種是喉嚨中心空白，但邏輯中心接到頭腦中心、這也是屬於頭腦型投射者。

頭腦型投射者跟經典型投射者有相似的地方，就是四個動力中心都空白，但頭腦型投射者的特點在他們是屬於「無內在權威」的設計，他們只有外在權威，沒有內在權威。在人類圖裡，頭腦中心及邏輯中心都屬於頭腦。

頭腦型投射者是無內在權威，而無內在權威做決定的方式是：當收到邀請後，不能馬上做決定，他需要跟其他人討論，但不是要聽其他人的意見，而是在跟別人溝通的過程中，慢慢感覺到他的答案從自己的嘴巴說出來。這是頭腦型投射者與其他兩種投射者最大的不同之處。

生產者「等待回應」跟投射者「等待被邀請」的差別

「等待回應」與「等待被邀請」有著巨大的差別，雖然都是等待，可是生產者可以回應他看到的影像、聽到的聲音、感覺到的任何事情，進入他能量場裡面的任何人、事、物，都可以讓他有所回應。

但投射者等待的「邀請」，主要是來自人的邀請，主要適用在生活中最重要的事情：愛情與婚姻、工作與事業、居住地以及人脈的連結上。而且投射者的「被邀請」，通常是正式的邀請。

投射者必須對自己的能量場有所了解，當投射者保持沉默，他們的能量場就會吸引其他人來辨認出投射者的才能，當投射者信任這種無聲魔法的能量場反應時，許多邀請就會來到投射者的面前。

生產者的「回應」可能隨時都會有訊息來到他面前讓他回應，生產者時時刻刻都可能有回應的機會，但投射者的邀請則不常出現，甚至可能要等很久的時間才會有邀請出現。

如果「邀請」不常出現，投射者要怎麼做決定？

投射者在沒有被邀請的時間裡，主要是依照他的內在權威來做事情，譬如情緒內在權威的投射者就是要練習不要在當下做決定，盡可能等情緒週期經過高點跟低點，且都有一致的結論之後再做決定，因此情緒內在權威的投射者平常做決定會比較慢，這樣的作法對他是好的。

而直覺內在權威的投射者在生活中則是儘量依靠他的直覺來判斷，當直覺認爲對的事情就去做，直覺認爲怪怪的、不太對勁的事情就不要做。

所以，投射者要熟悉自己的內在權威，以便在沒有邀請的時間裡，用自己的內在權威來做出生活中的小決定。

投射者如何找到適合自己的工作？

投射者追求的是成功，能讓投射者感覺到成功的工作，就是適合投射者的工作。只要你在工作上覺得成功，或是你在工作後帶給你成功的感覺，這樣的話，不管你的工作是什麼，不管你是老闆、主管、員工，你所從事的工作都是適合你的工作。

以協助他人成功為成功

以我自己的職涯爲例，我早期從事醫療器材業務工作，當時剛好是心臟血管支架開始引進台灣的時候，大家對心臟血管支架還不太孰悉，在裝完心臟血管支架手術後要如何照顧還不是很清楚，所以我會在手術後跟醫生一起去見家屬，提供一些術後衛教資訊的服務。

當時遇到一位太太，見到醫生後就一直哭著感謝醫生，她說她先生已經因爲心肌梗塞進醫院急診好幾次了，每次進急診，她都很擔心她先生還能不能活著出來，這爲她及全家帶來了極大的心理壓力。

現在她先生裝了血管支架，只要照顧的好，術後沒有併發症，短期內不會有再進急診的風險，她終於可以放心，好好睡覺了，所以她非常感謝醫生。

看著這太太喜極而泣的表情，我對於我們公司能夠提供產品給醫院，讓醫生處理患者的病痛，讓病患恢復健康，感到非常開心。

而且在這過程中因爲透過我的參與，引進這種產品讓醫生使用，好讓醫生有了最新的器材可以解決病人的痛苦，成功完成手術，這協助了醫生成功；而病人可以因此解除病痛，家屬得到心安，對病人及家屬來說也是成功。

這件事情讓我印象非常深刻，即便當時還不知道人類圖，但對於透過自己的協助，能夠讓別人得到成功，內心非常開心。

所以如果你是投射者，你可以想想在你現在的工作中，你可以協助誰成功？如果是客戶用了你的產品、服務，解決了他們的問題，讓他們更方便、更開心，你這樣算是協助客戶成功；你也可以努力達成公司交付給你的業績目標，讓公司賺到錢，協助老闆成功；或是幫助同事，讓他們更有效率，順利完成工作，協助同事成功。

或許在你過去的工作中，你從來沒有想過「協助別人成功」這件事，建議你可以開始把焦點開始放在協助別人成功，不管是客戶、同事、老闆或是其他人，而你的工作確實也能協助別人成功，當你看到別人因爲你的協助獲得成功之後，你的工作會開始帶給你更多的樂趣。

投射者特別要記住的重點

雖然投射者的成功以協助別人成功為成功，但投射者不能因為這樣就想要主動去幫助別人，主動想要透過自己的協助來讓別人變得更好。

如果你興沖沖的跑到別人面前說：「我可以幫助你！」「我能讓你更有效率！」「你這樣做有問題，讓我協助你做得更好！」你本以為可以獲得別人的感謝，但事實上卻是得到相反的結果，別人不僅不會接受你的好意，反而會排斥你、抗拒你！

因為投射者的策略是等待被邀請，不是主動發起，只要投射者「主動發起」，即便你是好意，即使你想要幫助別人、協助別人成功，但因為違反了你的策略，所以很容易受到抗拒，別人不會接受你的協助，這反而會造成你內心的苦澀。

記得，就算你非常想要協助別人，也要等別人來邀請你，這樣事情才會順利，才能得到好結果。

投射者要精通工作的系統

任何工作都有一套系統，譬如廚師有一套系統，業務有一套系統，專櫃服務人員有一套系統……等，對投射者來說，必須要精通他工作的系統，並運用這系統來協助別人，那才是適合投射者的工作。

但問題是，很多工作的系統是你實際工作後才會接觸到，在工作之前你可能對這系統是陌生的。因此，學生時代學的專業便很重要，如果你是會計系畢業，那麼進入會計師事務所後，你要熟悉會計師事務所的系統就比較容易上手。

所以投射者要盡可能接受越多的教育越好，而且這教育最好是跟未來的工作有關，這樣適合你專業的公司才有機會看到你的學歷，進而邀請你進入他們的公司去精通他們的系統。

如果工作不是在學校主修的專業

現在很多人都不是學以致用，也就是畢業後找的工作，可能跟學校學的專業不一樣，這也是普遍的現象。但只要公司願意錄用你，就代表公司有看到你的才能，認爲你可以勝任未來的工作。雖然沒有學以致用，但如果投射者是被邀請進入公司，是正確的進入公司，這樣也是可以的。

不過投射者一旦進入公司後，就必須要努力研究、學習，把相關的系統搞清楚，不是只有學習自己的工作部分而已，而是要把整個相關的系統都搞清楚，甚至要達到精通，因爲精通這一套系統之後，才有機會協助別人，讓別人更有效率，協助別人成功，也讓自己獲得成功。

總之，「精通一套系統」，並把這套系統用在工作上，對於投射者來說是非常重要的事。

如何正確地進入工作？

每種類型要正確地進入工作，才能在工作中得到好結果。但要如何正確地進入工作呢？就是要按照自己的策略與內在權威來做決定。投射者的策略是等待被邀請，因此投射者一定要等待被邀請去面試，等待被邀請去進入公司，等待被邀請得到工作。

這對投射者是很困難的事，因爲快要畢業時大家都在找工作，投射者受到其他人的影響，也認爲自己一定要主動去找工作，不然怎麼可能會有工作來邀請你？但對投射者來說，不主動去找工作，也可能會有人來邀請你，讓你進入正確的工作。

一個有趣的例子就是梁朝偉與周星馳，梁朝偉之前沒想過要當演員，是周星馳一直在說服他，後來梁朝偉在周星馳的洗腦之下，跟周星馳一同去報考了無線電視藝員訓練班，沒想到周星馳落選了，梁朝偉反而被錄取了，後來演出許多代表作品，更獲得許多獎項，成爲一個偉大的演員。

所以對投射者來說，不見得要主動去找工作，有時候就會有對的人來邀請你，進入一個你之前沒有想過的工作，由於是「被邀請」進入工作，符合了投射者的策略，日後的發展就會比較順利。

投射者如何等待被邀請？

以我自己爲例，我退伍後第一份工作是主動發起去找的，也順利找到工作，但第一份工作的結果相對比較不順利。在我工作一年後，有一天跟朋友聚會，我提到自己工作一年了，對當時的工作不是很有興趣，想要換工作，但不知道要換什麼好？

我的朋友聽了之後，就跟我說他有個朋友在藥廠當業務代表，做得還不錯，既然我是獸醫系畢業的，他建議我可以去這家藥廠試試看。我就把履歷寄給他朋友，由他轉給人事經理，人事經理跟我面談後說，他們藥廠的業務代表都是藥學系畢業的，念獸醫系的我可能還是不太適合。

對於面試結果不成功，我也覺得還好，沒有很失落，就繼續待在原來的公司，但過了兩星期，那位人事經理打電話給我：「現在我們的醫療器材公司有個業務職缺，我覺得很適合你，你有沒有興趣去面試？」

我就再去面試一次，這次直接跟兩個部門主管面試，面試完後，兩個主管說他們面試了三、四十個人，覺得都不理想，一看到我當過業務，又是獸醫系畢業，就覺得我很適合，當場就錄取我了。

回顧這次經驗，首先，我是被我朋友邀請去藥廠試試看，第一次面試被拒絕，因爲我不是主動發起，加上我的專業跟藥廠需要的專業不是很相配，所以面試失敗也沒有對我造成很大的苦澀感。

可是人事經理的第二次邀請，是因爲看到了我的才能（獸醫系畢業），雖然獸醫系的背景在藥廠可能不適合，但獸醫系學習了很多醫學知識，這樣的背景在醫療器材反而是很適合的選擇。由於我是被邀請，又是因爲對方看到我的才能後錄取我，所以這一份工作對我來說是正確的工作。

給投射者的職涯建議

很多時候，當你在找工作時，不是靠自己一個人的力量，你會跟朋友分享，會跟朋友訴說你的現況，你的父母也會知道你在找工作。如果你是投射者，你可以跟別人「陳述事實」，就是描述你現在正在找工作的情況。

譬如說，你跟朋友聚會，在聊天時你無意中提到最近想換工作，或許你的朋友就會跟你說他們公司剛好在缺人，問你要不要去試試看？這可能就是一個邀請。

或是當你找工作找了一段時間都還沒找到，可能在家裡跟媽媽聊天時，媽媽突然問你找到工作了嗎？你說還沒有，媽媽就問你要不要去王阿姨的公司試試看？這可能也是一個邀請。

投射者在跟別人互動時，當你陳述事實，告訴別人你現在的狀況，有些時候就會引發別人對你的邀請。

但如果你加上了一句，「你們有沒有工作可以介紹給我？」那麼結果可能就會完全不一樣了，因爲這就變成了主動發起，變成是你有企圖心想要對方介紹工作給你，主動發起之後可能就得不到好結果了。

一、投射者要小心隱藏式的發起

有的投射者會說，那下次他要找工作時，就約朋友出來聊天，接著在聊天的過程中就主動提到自己想要換工作，這樣就有機會引發朋友來邀請自己，讓自己得到一個工作機會。

但要注意，這不是等待被邀請，這是主動發起。因爲當你主動邀請朋友，跟他們聚會時，你的出發點是你想獲得邀請。由於你心中藏有一個企圖心，這便是一種發起，當你主動發起時，可能就不會得到好結果，我把這種稱之爲「隱藏式的發起」。

「隱藏式的發起」就是你內心已經有一個想法，有一個期待，然後尋找適當的機會把它說出來。這其實也是發起。

眞正的邀請，常常出現在你沒想到的時候，突然來到你面前，就像我當時去跟朋友聚會時，事前完全沒想到我會提到我工作的事情，也根本沒有想到朋友會提出一個工作的建議，然後邀請就這樣出現了。

所以建議投射者要放輕鬆，不要一直想著邀請什麼時候會來？誰會來邀請我？反而是當你都忘記這些事情時，對的邀請才可能發生。

二、做自己真心喜歡的事情

對投射者而言，邀請不會常常發生，可能很長一段時間，都沒有人來邀請投射者，這是正常的情況。

建議投射者，平時可以多做自己眞心喜歡的事情，因爲當你做眞心喜歡的事情，你就會開心，擁有喜悅的感受。你喜歡看電影，就去看電影；你喜歡逛街，就去逛街。因爲當你做完你眞心喜歡的事情後，你的內心是喜悅的，你到公司時也可能是笑瞇瞇的，別人看到開心的你，自然就比較容易看到你的才能來邀請你。

眞心喜歡的事情可以跟工作無關，只要能讓你心情愉快就好。但如果眞心喜歡的事情跟工作有關，那就更好了。

譬如我在醫療器材公司上班時，公司舉辦了一次有獎徵文，題目是「如何提高客戶滿意度」，當時我對這個題目很有興趣，就去找了很多書籍、資料來研究，對於寫提案這件事我覺得很好玩、很有趣，我記得那時有一個經驗是已經躺在床上準備要睡覺，突然想到一個點子，趕緊跳下床開燈來把點子寫下來，寫完之後覺得很開心，接著再回去繼續睡覺。這個準備有獎徵文的過程讓我覺得很開心，最後的結果我得了第一名。

後來公司又辦了一次徵文比賽，我又得了第一名，可能因爲我得了兩次徵文比賽的第一名，公司很多人都認爲我很會寫提案，也有可能他們因此看到了我的才能，這件事對我未來的工作也有很大的影響與幫助。

但在我寫提案時，純粹只是喜歡研究，喜歡寫提案，並沒有想到會得獎或不得獎，也沒有想到這件事對我會有什麼影響，純粹只是覺得好玩，然後就花時間去研究，因爲在做自己眞心喜歡的事情時是很開心的。

所以建議大家做自己眞心喜歡的事情時，就純粹做它，不要想太多，也不要有什麼企圖心，不然可能又變成發起了。

三、投射者最好讓別人來找你

投射者的策略是等待被邀請，投射者的工作內容最好是由別人來找你，比你主動去找別人合適。很多人說這很困難，尤其他是業務員，一定是主動去拜訪客戶，很少會有客戶主動找他，那該怎麼辦？

對於這種情況，首先這投射者一定要是被邀請進這家公司，這樣便是正確地進入工作，其次，最好是他的主管跟他安排了拜訪客戶的計畫，邀請他去執行，這樣他也是被邀請去拜訪客戶。

當投射者去拜訪客戶時，你可以介紹你的產品，有什麼實質的好處？可以如何解決客戶的什麼問題？你去拜訪客戶的目的是爲了協助他成功，你可以陳述這些事實。

困難的地方在於，因爲你會急著想要成交，這樣才有業績，所以可能會問出：

「你要不要買？」但這種作法就是主動發起了。投射者如果主動發起，結果可能就會比較不順利。

比較好的方式是，讓對方了解你的產品有多好，讓他主動表達購買的意願，問出：「這東西多少錢？我想買！」所以投射者要努力的方向是透過介紹產品的優點，將可以爲客戶解決什麼問題？爲他帶來什麼好處？焦點在如何協助他成功。

如果你是主管，你需要定期跟員工面談，以前你可能是主動跟每個員工約時間面談，透過討論他們的工作情況來改進工作績效。建議你試試不同的方式，首先告訴他們，你需要跟他們面談，你哪些時間有空，讓他們自己來跟你約時間，這樣的方式是創造一個你被邀請的機會，當你被邀請之後，你創造出的結果有可能會比較好。你可以試試看這兩種方式有什麼不同？

四、投射者主管要學會引導，而非領導

另外，投射者主管理想的領導方式是引導，引導能量類型的生產者及顯示者，讓他們能處在正確的位置上發揮所長。建議投射者不要用發號施令的管理方式，或用命令的方法帶領大家前進。投射者要學習引導，這才是適合投射者的管理方式。

五、即使要告知員工錯誤，最好還是被邀請

如果投射者主管看到員工在工作上做得不好，爲了讓員工更有效率，可能會主動跑去員工面前說：「你剛剛做了○○，這是不對的方式，你要如何如何改進，才會把事情做得更好。」

但投射者給出建議最好是在被邀請的情況下，所以可以試著在直接告訴員工的錯誤前，先問說：「我看到了你工作上的錯誤，想給你一些意見，你想要聽嗎？」

等員工說：「好呀，請告訴我！」這就創造了一個被邀請的機會，這時投射者給予的意見、改進方法，員工就比較容易接受。

有人可能會認為，我是主管，看到員工有錯就應該直接告訴他，為什麼還要用這樣迂迴的方式讓他來邀請我？

人類圖需要你自己去驗證，所以你可以實驗看看，用直接的方法告訴他錯誤，你也可以練習創造被邀請的方式來告訴他錯誤，然後比較兩種不同方式，看哪一種方式的效果對你、對他都比較好，就繼續採用那種方式。

六、在工作之初，要比其他生產者更努力

雖然投射者擅長辨認別人的才能，協助別人成功，適合以引導的方式擔任領導者，但在工作上的實際情況是，當投射者跟一群同事同時進入公司，大家都是菜鳥，投射者對工作的掌握程度跟其他人一樣時，這時的投射者並不具備有引導其他

人的能力。身爲菜鳥的投射者主動對生產者提出建議，希望生產者用不同的方法來做事，可能會更有效率，生產者同事不見得會聽投射者的建議。

第一個原因是，只要投射者主動發起給出建議，就不會有好結果。第二個原因是，生產者同事還沒有辨認出投射者的才能。

所以在工作初期的投射者，必須要好好研究工作，了解整個工作的系統，當你越了解這個系統，就越能有影響力。

建議投射者在工作之初，可能要比其他人更努力，讓自己快速上手，讓自己的工作做得比別人更好。當別人看到投射者的成績之後，辨認出了投射者的才能，就會來邀請投射者，請投射者給他們建議，協助其他人做得更好，這時的投射者，就會進入正確的位置了。

所以，投射者一定要想辦法精通自己工作的系統，這樣才有機會被別人辨認出你的才能，邀請你來協助他們更有效率，讓他們得到成功，你也獲得成功。

投射者的職場提問Q&A

Q 聽說投射者要等待被邀請，但我大學剛畢業要找第一份工作，真的可以只是等待被邀請嗎？

A 人類圖是一個實驗的知識，是可以實踐、驗證的，也需要你透過一次一次的練習，然後觀察結果，如果確實可以得到好結果，你會對這知識越來越有信心。

你可以試著不要主動發起去找工作，一直等、一直等，等到有人來邀請你，然後再去找工作。不過你的內心一定會疑惑，真的會有人來邀請我嗎？

在生活中，我們會與其他人互動，有時就會產生邀請的機會，譬如你跟同學聚會時，可能就會有人問你：「你找到工作了嗎？」「你要不要試著把履歷放上人力銀行網站？我就是這樣找到工作的。」這就是一個邀請，如果你接受邀請，就可以把履歷放到人力銀行，開始找工作。

又譬如你一直沒有主動去找工作，一直待在家裡，媽媽就問你：「你怎麼都不去找工作？」「聽說陳媽媽的公司缺人，你要不要去試試看？」如果你接受這個邀請，就可以去陳媽媽的公司面試。

但是很多人會沒有耐心，雖然心裡知道要等待被邀請，但不知道要等到什麼時候？眞的會有人來邀請我嗎？內心會感到焦急，然後等到受不了內心的焦慮感後，就會主動發起，主動丟履歷，主動去跟公司毛遂自薦，急著想要得到工作。

當投射者大學畢業要找工作時，很容易就會主動發起，因爲面對現實找工作的壓力，這壓力不只來自自己，還有周圍的家人與朋友，都可能會對你帶來壓力，而且如果你對人類圖這個知識還沒有足夠多的認識與信任，沒有實驗過，還沒有成功被邀請的經驗，在這樣的情況下要你一直等待，不主動去找工作，眞的非常非常困難。

所以就現實面來說，剛畢業的人很可能還是會主動發起去找工作，這是正常的。建議你在找工作的過程中，多注意有沒有人對你提出關於找工作的邀請，而且最好是看到你的才能後來邀請你的工作機會。

如果是一個「主動發起」得到的面試機會，跟一個「被邀請」得到的面試機會，建議你把「被邀請」的機會擺在前面，如果你一開始就做出正確的決定，就能得到對你而言正確的工作。

建議你也可以去找已經工作一段時間的投射者，詢問對方找工作的經驗，如果對方的經驗眞的是「等待被邀請」比「主動發起」得到的結果更好，這樣也會給你信心，讓你儘量「等待被邀請」來找工作。

Q 生產者的策略「等待回應」，跟投射者的策略「等待被邀請」有什麼差別？

A 生產者的「等待回應」，是等待來到他面前的訊息，然後對這訊息做出回應。

來到他面前的訊息，可以是他看到的影像，他聽到的聲音，他感覺到的任何事情都可以。

譬如看到商店櫥窗的衣服，就被吸引，然後走過去，這是對衣服有回應。聽到鳥叫聲，隨即想去公園散步，這是對鳥叫聲有回應。感覺到肚子餓了，所以出門去吃飯，這是對肚子餓有回應。

而投射者的「等待被邀請」，通常是來自人的邀請，就是由另一個人對你提出邀請，可能是口頭的邀請，可能是文字的邀請，就像是用邀請函來邀請你。這份邀請，可能是來自對方辨認出這個投射者的特性與才能後而提出的。

Q 據說投射者適合從事一對一的工作型態，有哪些適合的發展方向呢？

A 投射者適合一對一的原因是來自投射者的能量場，就像探照燈一樣向前投射，因此一次只能投射向一個人，所以在許多社交場合，到最後投射者都是一對一的跟別人在聊天。

但是，這並不代表投射者的工作型態一定要是一對一，舉例來說，投射者也能當老師，但是注意不要在上課時只有看著一個人，而是要這次看學生A，讓A知道你看到他了，接著下次看學生B，再看學生C……一次一個人的把所有人看過一遍，這樣大家都會收到投射者的關注。所以，投射者在工作的選擇，並不一定都要找一對一的工作型態。

Q 我是做業務性質的工作，需要主動開發陌生客戶，這樣算是主動發起嗎？有適合投射者業務員的工作模式嗎？

A 主動開發陌生客戶，這是「主動發起」沒錯。如果投射者一直主動發起，結果會比較不好。

但是如果是來自主管的邀請，那就沒問題，譬如主管跟你說：「爲了讓你的業績成長二〇%，我覺得你要去開發陌生客戶！」然後你按照你的內在權威，接受了這個邀請，這時你去開發陌生客戶，就不是主動發起了，而是來自主管的邀請，你才去做這件事，這樣就可能有好結果。

不過，適合投射者業務員的方式，是想辦法讓客戶來邀請你。

你可以多去拜訪客戶，可是記得在拜訪客戶時不要做推銷的動作，因爲你如果做出推銷的行爲，這是主動發起。你去拜訪他們，可以只是詢問客戶有沒有什麼地方需要幫忙？產品有沒有什麼問題？你做這些事情是基於關心客戶，你這時沒有企圖心要賣東西給客戶，所以你沒有主動發起。

你也可以提供一些市場趨勢、行業動態，或者專業報告給客戶，因爲投射者想做的事情是協助別人成功，你可以透過你的專業知識，來協助客戶更成功。

在你持續拜訪客戶、關心客戶的過程中，如果剛好客戶遇到了一個問題，請你幫忙解決，這可能就是一個邀請；或者客戶會詢問你產品的特點，這也是邀請；客戶可能請你介紹公司的新產品，這些都是邀請。

隨著你的拜訪，讓客戶辨認出你的能力與專業知識後，他就可能會邀請你，或是會向你購買產品，讓你獲得業績。透過協助客戶成功，也爲你自己帶來成功。

所以投射者適合的業務模式，不是在第一次拜訪客戶時，就企圖拿到訂單。而是先讓客戶知道你的存在，讓客戶知道你是什麼樣的人，你的公司有什麼產品，讓客戶慢慢辨認出你的才能，辨認出你公司的產品。

當客戶覺得你或你的公司，可以讓他們更成功，就會開始對你提出詢問，做出邀請，投射者便可以提供自己的服務，而得到業績，透過一次又一次良好的互動，最後達到雙贏的結果。

Q 聽說投射者來這世上不是來工作的，但我很熱愛工作，每天都是最早進公司又最晚下班的，我這樣算正常的嗎？

A 如果你工作得很開心，那也沒什麼問題。

人類圖說非生產者（顯示者、投射者、反映者）來這世界的目的不是工作，是因爲非生產者沒有持續運作的薦骨能量，而薦骨的主要功能就是工作，因此工作對生產者是最重要的事情，透過工作讓生產者獲得滿足感，對生產者來說是幸福的事。

但投射者追求的是成功，如果你的工作能夠帶給你成功，那就是適合你的工作。當你最早進公司又最晚下班，你對此覺得很成功，那這工作對你而言就是正確的工作。

再用一個指標來檢驗，對於這份你熱愛的工作，你每天最早進公司又最晚下班，你是否感到愛、平和、喜悅，如果答案是肯定的，那你可以繼續這麼做。

不過要注意一點，空白薦骨的非自己狀態就是不知節制，所以你也要察覺最早進公司又最晚下班，是不是一種不知節制的狀態？如果自己也知道應該要縮短一些工作時間，但又不知不覺的長時間工作，那可能就是不知節制的情況了。

另外，你也要看看你的休息時間夠不夠？有沒有足夠的睡眠？你的工作與生活是否維持在一個健康的平衡狀態？如果這幾個問題，你的答案都是正面的，那麼你的工作方式並沒有問題。

5

反映者

反映者（Reflector）的Reflect是反映、反射的意思。反映者就像是鏡子一樣，可以反映周圍的人、周圍的團體、周圍的社區、周圍的環境，反映出任何東西。

月亮對反映者非常重要，月亮會反映太陽光，透過每天的移動以及反映太陽的光線，造成每天都有不同的月相變化，從新月、上弦月、滿月、下弦月，然後又是新月、上弦月、滿月、下弦月……如此不斷的循環著，這對反映者也有非常大的影響，所以反映者的名稱也透露出了它與月亮的特殊關係。

反映者的能量場

反映者的能量場，是一種抵抗和採樣的能量場。

反映者的能量場有點類似於顯示者的能量場，可是沒有像顯示者那樣的封閉和排斥，反映者的能量場是抵抗的，抵抗的意思是：在反映者和其他人之間存在著一層張力，就好像鐵氟龍一樣，鐵氟龍具有很好的潤滑性、不沾黏，就像鐵氟龍不沾鍋一樣，其他人的能量場碰到反映者的能量場時，也容易就會滑過去，不容易影響到反映者。

採樣的特性則是，當人們與反映者擦身而過時，反映者就會對人進行採樣，會採樣人們的能量場並進行比較，所以，反映者有這獨特的能力，可以去比較周圍的人、周圍的環境。

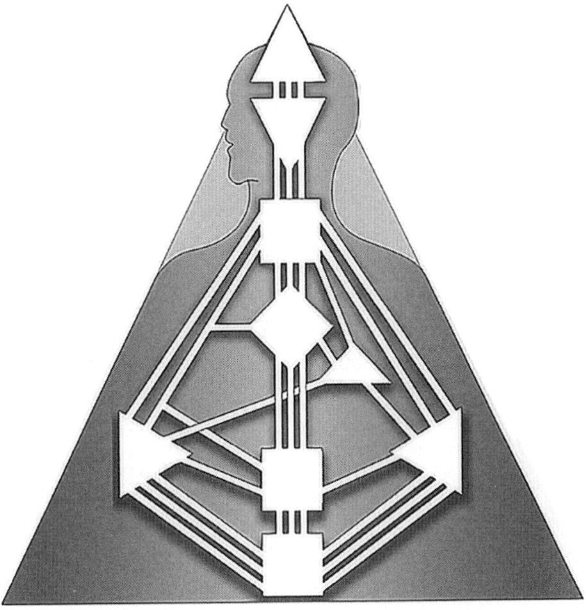

（形成反映者的方式：九個能量中心都是空白的）

圖13

九個能量中心都空白，沒有固定的運作方式

相對其他類型來說，反映者是非常特別的一種設計，在人群中大約只占一%，所以反映者這種類型是非常少見，但以現在全世界人口超過八十億人，反映者也有八千萬人，只是在人群中比例比較少而已。

我們介紹過能量中心的差別，有顏色的能量中心代表有固定運作的方式，空白的能量中心則表示沒有固定運作的方式。反映者九個能量中心都空白，代表著他們的九個能量中心都沒有固定運作的方式，這也產生了跟其他類型不一樣的特點。

因爲沒有固定運作的方式，沒有穩定可靠的特性，反映者通常不太了解自己是什麼樣的一個人，覺得自己好像常常變來變去的。反映者的家人、朋友，也常常看不清楚反映者到底是一個什麼樣的人。

有顏色的能量中心因爲有固定運作的方式，所以它是影響別人的地方，反之，

空白的能量中心因爲沒有固定運作的方式，它是接受別人影響的地方。所以大部分人跟其他人相處互動時，在有顏色的中心影響對方的同時，也會被對方有顏色的中心影響自己的空白中心。

可是反映者的九個能量中心都是空白的，在跟別人相處互動時，受到對方的影響非常大，而影響對方的比例相對就很小，是一種非常容易受別人影響的設計。

每個空白中心都有健康的狀態跟不健康（又稱爲「非自己」）的狀態，一般人常常會受到不健康狀態的影響，反映者擁有最多的空白中心，因此很容易受到這些空白中心不健康狀態的影響。

基於上述的邏輯，很多人會誤以爲：因爲反映者空白中心太多，所以容易受人影響，應該是一個很脆弱的設計，其實並非如此，反映者只是跟其他三種類型都不一樣，不適合拿其他三種類型來衡量反映者。

用一個比喻來說，有顏色中心跟空白中心就像「冷」跟「熱」這種相對性，有顏色的中心就好比是熱，空白中心就好比是冷，當一個人的設計中，有的中心有顏色，有的中心空白，就好像「熱」與「冷」分別存在不同的中心裡，冷跟熱的相對性就很明顯。例如你的手先放進溫泉的熱水中，然後再放到冷水裡，溫差所造成的刺激就很大。

但是反映者的能量中心都是空白的，他的情況就好像只有「冷」一種，各個不同的空白中心就像雪、冰、霜，雖然彼此還是有差別，但都屬於冷的範疇，所以不會像冷跟熱差別那麼大。如果你的手先拿著冰塊，然後再放到冷水裡，溫差造成的刺激就比較小。

每個人的空白中心會受到外在的制約，產生非自己的不健康的狀態，在人生的初期容易造成混亂跟痛苦，但如果能從中學習，這些混亂與痛苦便有機會可以轉變成人生智慧。所以擁有九個空白能量中心的反映者，如果能正確的操作，將會擁有最可能成爲智者的潛能。

反映者的特性

足球場上的守門員

以足球隊的球員來比喻，反映者就像守門員一樣，跟其他球員的功能非常的不一樣，其他球員主要都是用腳踢球，而且目標是把球射向球門，反映者則是可以合法的用手碰球，而且通常是要把球踢離球門。

反映者的遊戲規則跟其他類型都不一樣，但是並沒有說誰比較好，誰比較不好，而是每個人都有專屬於自己的角色與任務，我們的重點就是要了解自己的特性，扮演好自己的角色，完成屬於自己的任務。

反映者擁有獨特的「反映」能力，這是其最特別的地方，可以反映人、反映社區、反映環境。

反映者反映「人」

我們先從人說起，我們不從反映者的角度來看，而是用另一個人的角度來看反映者的「反映」能力。

如果你有一個反映者朋友，你可以去跟他聊天，聊了一段時間後，你發現這個反映者很開心、很有活力、很樂觀，其實不一定是這個反映者很開心、很樂觀，而是「你」很開心、很有活力、很樂觀，這個反映者只是「反映」出了你的狀況。

相反地，當你跟一個反映者聊天、相處一下子之後，你發現這個反映者很憤怒、很暴躁、心情很不好，這可能也不是他眞正的情況，而是你現在的狀況，你現在很憤怒、很暴躁，你的心情很不好，這個反映者也只是「反映」出了你的狀況。

曾經有個反映者說，如果他願意的話，他有能力可以感應出對方現在所有的狀況，了解對方的想法、心理狀態。但是他很少會這麼做，因爲他必須非常專注，而且這樣做之後，會感到非常疲累。如果你是反映者，你也有這樣的經驗嗎？

反映者反映「周圍環境」

當一個反映者在街上行走的時候，如果突然發現自己感覺不太好，可能不是反映者自己的問題，而是街上的所有人感覺不太好，這只是因爲反映者反映出了周圍的狀況而已。

如果一個反映者搬到一個社區，過一段時間後，這個反映者變得很和善、樂於助人，那是因爲那個社區的人都很和善、樂於助人。這個反映者反映出了他的周圍、他的社區、他的環境。反映者就像是周圍環境的晴雨表一樣，可以眞實的反應周圍的事實。

礦坑裡的金絲雀

因爲反映者這種獨特反應周圍環境變化的天賦，在人類圖裡，我們會把反映者比喻成礦坑裡的金絲雀。從前在礦坑裡，有時會冒出一些有毒氣體，這些有毒氣體可能是無色無臭無味的，因此當有毒氣體出現時，會在不知不覺間對礦工造成傷害，甚至死亡。

而金絲雀的呼吸系統對有毒氣體非常敏感，遇到有毒氣體時會出現躁動、亂叫的情形，所以礦工會帶著金絲雀下到礦坑去，用來偵測是否出現有毒氣體，在金絲雀出現異狀時，礦工便可以把這當作警訊，趕快撤出礦坑以保全性命。

反映者就像金絲雀一樣，對周圍的環境非常敏感，因此在某種程度上是人類的守護者。或者像是個指路人一樣，讓我們知道我們走的方向是正確的。

反映者來這世界的目的

就如同礦坑裡的金絲雀一樣，反映者是人類的守護者，反映者來這世界的目的，就是來評估自身所在周圍社區的福祉，看看周圍的環境或人們是否健康、快樂，其存在爲周圍的環境提供巨大的價值。

但前提是，這反映者必須是健康的、正確的，當反映者正確的做自己，機會可能就會在他的生命中出現，讓他來扮演這樣的角色，這時的反映者，將可以眞正實現他來這世界的目的。

反映者內心的疑問：我今天是誰？

許多人可能會對「我是誰」這個問題很感興趣，但反映者九個能量中心都是空白的，沒有固定運作的模式，所以反映者要問的問題不是「我是誰」，而是「我今天是誰」？

而且反映者受到每天不同流日的影響，每天都會呈現不一樣的情況，所以在任何一天的「我今天是誰」，都只是他們是誰的其中一個面向而已，在經歷了二十八天（一個完整的月循環）之後，這二十八天的「我今天是誰」綜合起來，對反映者來說，可能才是最接近一個完整的「我是誰」。

另外，反映者還常會問自己一個問題：我可以「做自己」嗎？因爲反映者很容易受周圍人的影響，反映者要能區分：哪些是來自周圍人的想法？哪部分是受到旁邊人的影響？如果無法區分哪些是來自周圍人的影響，卻把這些影響誤以爲是自己，那反映者就無法「做自己」了。

建議反映者儘量要有自己「獨處」的時間與空間，這獨處的空間指的是在你的能量場範圍內沒有其他人，讓你不會受到其他人能量場的影響。而在獨處一段時間後，其他人的能量場影響自然就會慢慢消失，反映者才能回歸到自己的設計。

另外，也建議反映者可以多去戶外走走，多接近大自然，這對反映者也是一件好事。

如何衡量反映者是否活得健康？

反映者不健康的狀態：失望

反映者不健康的狀態是「失望」，就像其他的非顯示者，只要學顯示者「主動發起」，就會遇到抗拒，事情就會不順利，生產者會感到「挫敗」，投射者感覺「苦澀」，反映者則是感受到「失望」。

失望有幾種情況，一種是千篇一律、一模一樣，而讓人感到失望。我們所在的這個世界，是個同質化的世界，同質化的意思就好比同一類產品，雖然品牌不同，可是每一家的產品在性能、外觀上相互模仿，到最後都變得非常類似。就像手機，早期的手機有各種形狀，外觀都不一樣，功能也不同，但到智慧型手機時代，外表幾乎看起來都一樣，功能也都差不多。

如果反映者每天遇到的人、事、物都是一樣的，都是一致的，沒有任何變化，可能就會感到失望。另外一種情況，例如你認識一個人很久了，在某一天某一個時刻，發生了某些事，你突然察覺到，這個人不是你原先認爲的樣子，你也可能會感到失望。

如果反映者看到周圍的某個人，原以爲這個人活得很健康，但是某天突然察覺到，這個人陷入了非自己的狀態，不是他原先以爲的樣子，反映者可能也會覺得失望。還有，反映者受到周圍人的影響，映射出周圍人的非自己，並誤以爲別人的非自己就是自己，這時的反映者也會對自己感到深深的失望。

最後一種情況，當反映者知道自己的設計是可以反映出周圍的人、周圍的社區、周圍的環境，可是他反映出的全都是周圍人被制約的情況，看到周圍的人全都活在非自己中，也會對此感到失望。

反映者健康的狀態：驚喜

如果在日復一日、千篇一律的生活中，突然出現了不一樣的人、事、物，或是當出乎意料、意想不到的事發生，就會爲反映者帶來驚喜。「驚喜」跟「失望」是相對的兩端。

一個健康的反映者，在反映周圍的人、社群、環境的狀況下，即使看到周圍多數人因活在非自己中而失望時，他能夠區分清楚這是別人的失望，跟自己無關。當突然看到某個人，在大環境的制約下卻能活出自己的設計，活出自己的精彩，不受到非自己的限制時，這將爲反映者帶來「驚喜」。

當反映者正確的活出自己的設計，透過流日的變化，享受每天月亮移動到不同的位置，對他所產生的變化，爲他帶來的影響，因而得到各種不同的體驗，將會爲反映者帶來各種不同的驚喜。

就像是抽盲盒一樣，因爲你不知道打開後裡面會是什麼東西，當一個反映者處於健康的狀態，所抽到的每一個盲盒，將可以帶來各種不同的驚喜。

反映者的策略：等待二十八天後再做決定

有顏色的能量中心，對其他類型在「做決定」占有非常重要的地位，因爲有顏色的能量中心擁有穩定可靠、固定不變的運作模式，就是依靠這種一致性，才能讓我們做出適合自己的決定。

但對反映者來說，因爲所有能量中心都是空白的，沒有穩定可靠、固定不變的能量模式可以依循，所以反映者要做決定的方式跟其他類型比起來，就非常的不一樣。

在了解反映者如何做決定之前，要先了解反映者的空白中心如何被影響。每個人空白能量中心會被影響的方式有兩種，一種是人與人之間能量場的相互影響，一種是被流日所影響。

他人能量場對反映者的影響

在人類圖的觀點，每個人的能量場大小，是以胸口中央爲圓心，手臂伸直與地面平行，以兩倍手臂的長度爲半徑，上下左右畫出一個圓，這就是一個人能量大小的範圍。

當兩個人互相靠近，能量場彼此碰觸，產生交集後，兩個人的能量場就開始相互影響，大家可以想像類似把兩張人類圖印在兩張透明塑膠片上，再把這兩張透明塑膠片上下疊在一起的樣子，這就是人類圖裡的「合圖」。

舉例來說，如果一張圖的頭腦中心是空白的，另一張圖頭腦中心是有顏色的，疊起來的合圖頭腦中心當然就是有顏色的，也就是說，空白頭腦中心的一方一旦進入有顏色頭腦中心一方的能量場，就會被對方影響，頭腦中心暫時會從空白變成有顏色（見圖14）。這是空白能量中心第一種被影響的方式。

第二種情況是，如果兩個人的頭腦中心、邏輯中心都是空白的，但一個人有64號閘門，另一個人有47號閘門，疊起來後，你會看到64－47通道就被接通了。當一條通道被接通後，通道兩邊的能量中心也就會變成有顏色（見圖15）。也就是說，兩個人都暫時變成頭腦中心、邏輯中心有顏色的設計，但一旦離開了彼

圖14

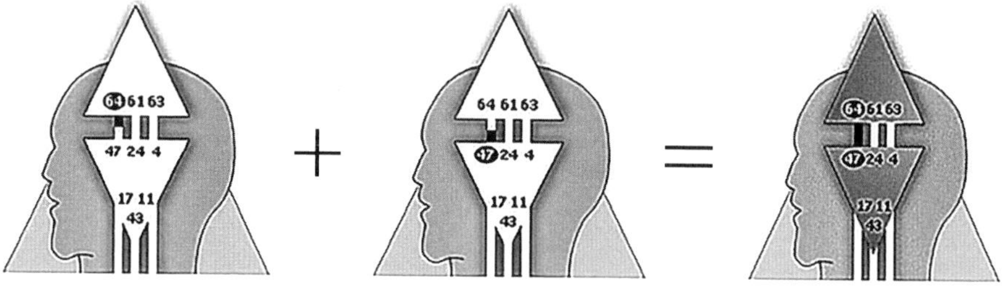

圖15

此的能量場，就會又各自回復成頭腦中心、邏輯中心空白的設計，且64–47通道也消失了。

流日對反映者的影響

流日的影響指的是，我們每天都會受到宇宙中每一個行星所帶來的影響。太陽、月亮、金星、木星……等，這些星星它們根據與地球的相對位置，便會落在64等分中其中一個閘門，為我們帶來那一個閘門的能量。

在人類圖設計中，為什麼一個中心會有顏色？就是如果這個中心有某一條通道的兩邊閘門同時存在的話，能量就可以接通，能量便可以在兩個中心及這條通道間來回流動，如此一來，這一條通道及通道兩邊的兩個能量中心就會變成有顏色，代表著這一條通道及兩個能量中心擁有持續運作的能量。

而反映者九個能量中心都空白，表示他擁有的閘門都沒有彼此接通形成通道，所以反映者沒有持續運作的通道及能量中心。

但是，如果當天的流日，也就是當天這些星星所帶來的閘門能量，剛好落在這個反映者擁有閘門通道的對面，那麼就會暫時接通這條通道，同時這條通道接通的兩邊能量中心，也會暫時的變成有顏色。

以下圖爲例，當月亮走到2號閘門的位置（見圖16），因爲這位反映者本身有14號閘門，因此2號閘門接通14號閘門，產生2－14通道，2－14通道兩邊的G中心跟薦骨中心就會暫時的變成有顏色（見圖17）。

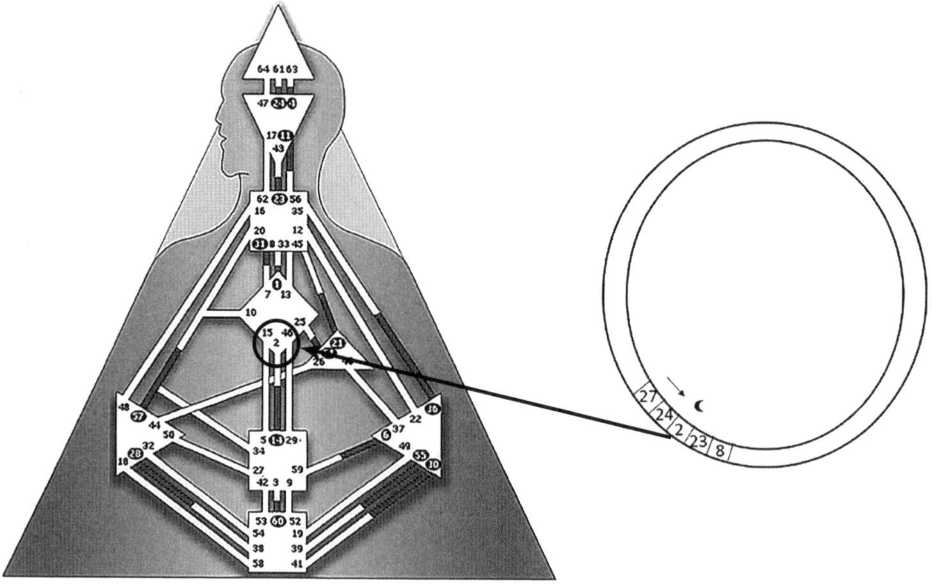

圖16

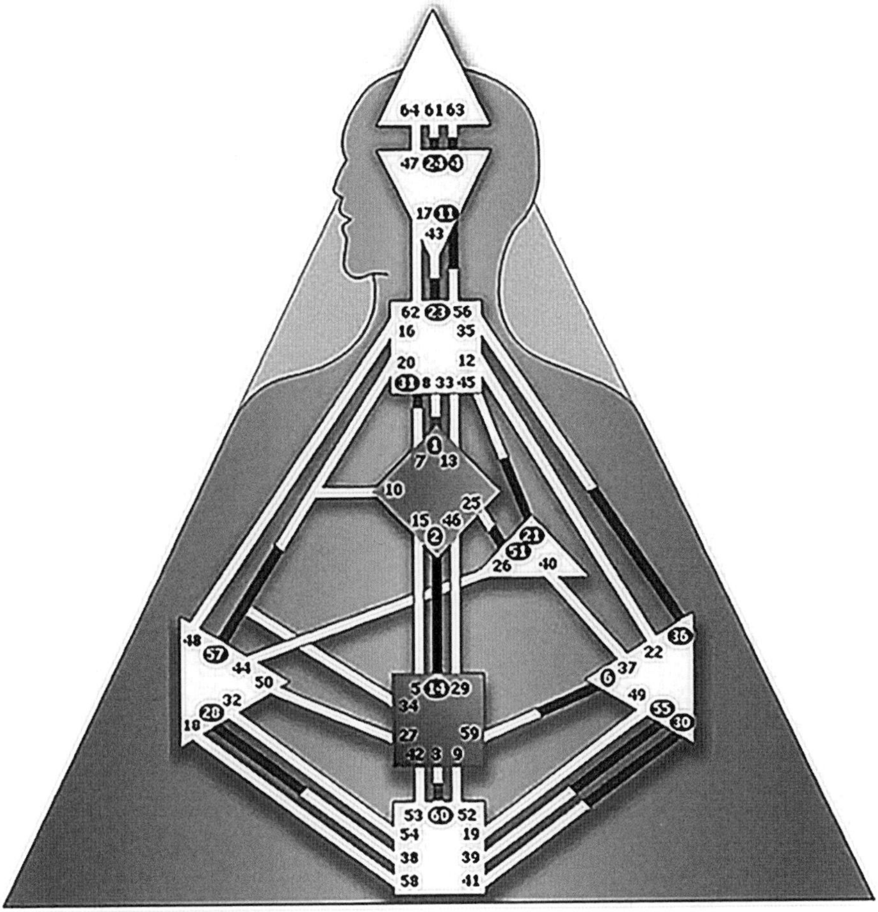
64 61 63
47 24 4
17 11
43
62 23 56
16 35
20 12
31 8 33 45
1
7 13
10
25
15 46
2
21
51
26 40
48
57
44
50
32
28
18
36
22
6 37
49
55
30
5 14 29
34
27
59
42 3 9
53 60 52
54 19
38 39
58 41

圖17

所以只要月亮待在2號閘門的時間裡，將會接通2－14這條通道，持續讓通道兩邊的能量中心有顏色，這兩個能量中心的所有閘門都暫時被啓動，這些閘門的特性也會暫時的展現。

反映者受流日比受人的影響更大

反映者因爲九個能量中心都是空白的，非常容易受到人與流日的影響，但「人」跟「流日」比較起來，反映者要更注意「流日」的影響，所以「流日」對反映者很重要。

原因在於，畢竟人是來來去去的，會移動、相聚、離開，所以當反映者受到人的影響時，是不穩定、不一致的。但是當受到「流日」的影響時，只要某一顆星星待在一個閘門的時間裡，反映者就會一直受到這個閘門的影響，而且是一種穩定而持續的影響。

月亮對反映者很重要

每一顆星星會按照它的軌道，輪流經過64個閘門中的每一個閘門，而在所有星星中，移動最快的就是月亮。月亮差不多是一個月會繞一圈，大約每二十八、二十九天就會經過六十四個閘門一次，然後下個月又會輪流經過六十四個閘門一次，再下個月又會經過六十四個閘門一次，如此一直循環下去。

如果你是反映者，建議你把你的人類圖拿出來，找出月亮在六十四個閘門移動的順序圖，然後再找出，當月亮在什麼時間移動到哪一個閘門時，會跟你擁有的閘門接通，形成通道。把這個閘門標記起來，當你標記完後，你會發現一個固定循環的接通順序，譬如月亮在55號閘門時會與你的39號閘門接通39－55通道，當月亮移動到37號閘門又會接通40號閘門形成37－40通道，以此類推。

這個接通的順序，會在這個月是這樣的順序，下個月也是這樣的順序，再下個月還是同樣的順序，也就是說，在你的一生中都是這樣規律的順序。

在人類圖裡我們一直強調，要按照自己的策略跟內在權威來做決定，因爲策略是來自類型，類型是由有顏色的能量中心所決定，內在權威也是由有顏色的能量中心所決定。一個有顏色的中心代表它有固定的運作方式，我們便可以依靠這種固定性、一致性來做決定。但反映者的九個能量中心都是空白的，因此沒有這種穩定可靠的固定運作模式來依靠。

這是反映者與其他類型非常不一樣的地方。透過月亮所接通反映者的通道順序，會產生另外一種穩定可靠的固定性，一種順序的固定，這個順序一個月啓動一次，一年啓動十二次，十年啓動一百二十次，是一種對反映者來說固定的模式，也是他可以信賴的模式。

所以，這種透過月亮所接通通道的順序所產生的固定模式，便是反映者可以用來做決定的依靠，也就是反映者的策略。

反映者等待二十八天後再做決定

月亮在二十八天左右的時間會經過六十四個閘門中的每一個閘門，在經過反映者擁有閘門的通道對應閘門時，就會接通這條通道，啓動這條通道兩邊的能量中心，因此月亮會輪流啓動這個反映者的每一個閘門。月亮會在二十八天裡，依次啓動反映者本身的每個閘門，讓每個閘門的特性輪流展現出來。

所以，當一個反映者要做一個決定時，譬如想要換工作時，不能馬上做出決定，必須要等月亮走到他擁有閘門的通道對應閘門，接通這條通道原來兩邊的空白中心時，因爲暫時的通道接通，而使這兩個中心內的每一個閘門，充分展現出這個閘門的特性。

我們可以想像，就好像讓每一個閘門輪流來表達意見一樣，有的閘門啓動時可能他是想要換工作的，有的閘門啓動時可能是不想要換工作的，所以當一個一個閘門輪流被啓動來表達意見，慢慢的，要換工作或不換工作這些意見會漸漸形成一個共識。

因此當經過二十八天之後，月亮依序啓動了反映者的每一個閘門，這個反映者最後形成的共識是要換工作，就可以去提辭呈來換工作；如果經過二十八天後覺得不想換工作，那就維持在現有的工作不動。這就是反映者的策略，要經過二十八天後再做決定的原因。

反映者的策略要注意的事

因爲反映者需要二十八天之後才能做出決定，這策略只適用於生活中重要的決定，譬如：工作、感情、婚姻、搬家……等重大決定，而不是用在每天都要做的事。

在這二十八天裡，反映者需要和人們討論他所要做的事情，因爲隨著月亮的移動，一個一個啓動了反映者休眠的閘門，這時透過跟別人的討論，這些閘門的觀點會從反映者的言語中表達出來。即便是同一件事情，但每一次對話，都有可能會帶來不同的觀點，這些不同的觀點對反映者的決定是非常重要的。

在跟別人討論時，反映者並不是要聽別人的建議，也不是要讓別人告訴自己該怎麼做，而是要覺察自己的反應：有可能在跟某一個人討論時，反映者對即將要做的決定是很正面、興奮，但一週後跟另一個人討論同一件事情，卻變成是很負面、悲觀，因此反映者需要時間，不要匆忙做出決定，而是要透過這討論的過程，達到一個清楚的點後，再做出決定。

並不是在二十八天之後一定要做出決定，有時即便經過了二十八天，還是沒有結論也沒關係，有些決定可能需要兩個二十八天、三個二十八天，甚至更長的時間才能做出決定。

這是一個體驗的過程

在人類圖中，我們一直強調頭腦不是用來做決定的工具，頭腦是用來研究、衡量、分析，這是頭腦的功用。

對反映者來說，做決定的主要依據來自這「體驗」的過程，在月亮每二十八天的移動週期中，透過不同時間，接通不同通道，會對反映者帶來不同的體驗。這個體驗的過程對反映者來說是非常重要的，透過在週期中各種不同的體驗，才能給反映者帶來深刻的感受，而後逐漸整合成最後的決定。

反映者最獨特的天賦

反映者可以反映周圍的人、社區、環境，反映者能夠眞正感知到在周圍所發生的事情，也就是反映者對周圍的環境很敏感，並且融入這環境，接受這環境，這是反映者最獨特的天賦。

但反映者要注意不要困在這環境中，反映者的工作是要觀看、衡量、分類這個環境的本質，來爲他人服務，所以反映者就像是批評家、嚮導或是法官，但前提是這反映者必須是健康的。

反映者專注的重點不是在自己身上，而是在社區、環境上，甚至延伸到更大的層面，譬如整體的精神生活，這也是有些反映者很容易被身心靈相關事物吸引的原因。

反映者要有勇氣等待二十八天

由於反映者的策略要等二十八天之後才能做出決定，反映者會非常擔心，「會有人等我一個月嗎？」「我如果現在不做決定，是不是就會失去這個機會？」「當我要考慮一個月才能決定要不要跟這個人成為伴侶，我會不會失去對方？」

反映者要相信，如果你正確的運作，一定會有對的人、對的工作、對的事情，願意花足夠的時間等待你。所以反映者要有勇氣，來向這份工作、這個人說：「這就是我，你得等一等！」「如果你不能等待，這也沒什麼問題，只是表示你可能不適合我，或我可能不適合你而已。」

對反映者來說，如果沒有做出正確的決定，就不會去到對你而言正確的地方，不會遇到對你而言正確的人，不會發生對你而言正確的事情，你就無法正確的活出你自己。

反映者必須身在正確的地點

反映者的九大能量中心都是空白的，也勢必擁有一個空白的G中心，而對空白G中心的人來說，要在正確的地點（可以指房間、空間、社區、環境）才會有正確的事情、正確的關係、正確的人。

對任何人來說，如果你的G中心空白，你跟一個陌生人約在一個你沒去過的地點（譬如是咖啡廳）談事情，當你一走進這咖啡廳時，你感覺不對，建議你最好馬上離開這個地點。假設你還是進入了咖啡廳跟這陌生人談事情，接下來發生的事情對你來說都是不正確的，對你來說這個陌生人也是一個不正確的人。

但如果你能跟對方說：「我們能不能換個地方談事情？」然後換到了一個你喜歡的咖啡廳，接下來發生的事情，對你就是正確的事情，這個人也是對的人了。所以不是事情的問題，也不是人的問題，而是地點的問題，G中心空白的人，要在對的地點，才有對的關係、對的人。

譬如一個女孩子問我說，她跟老公結婚一年多了，現在感情變得不好，問我怎麼辦？因爲她G中心是空白的，我就問她：「你喜歡現在住的地方嗎？」她說：「不喜歡，這是結婚之後才搬進去的房子。」

對她來說，有可能在結婚之前，男朋友是對的男朋友，可是結婚後搬到她不喜歡的房子，在裡面發生的事情跟人對她而言都是不正確的，因此老公就變成不正確的老公了。我就建議她，如果可以的話，盡快搬家，搬到一個她覺得對的房子，老公有可能又變成對的老公了。

總之，對反映者來說，確保自己所在的地方，是自己喜歡的地方，這是很重要的事，主要是住家、辦公室（對學生來說就是學校）。或許不一定要很喜歡，但重點是：不能不喜歡，如果一個反映者去到一個地方，剛進去的那一刻，就感覺不對勁，即便那個地方非常漂亮、非常豪華，但對這個反映者來說，這個地方就是一個不正確的地方，在裡面的人，所發生的事情，可能對他都是不正確的。

從小孩成長的過程來了解反映者

反映者小孩要被正確的教導，是非常困難的。首先，反映者人數只有一%，父母也是反映者的機率是非常低的，也就是說，反映者的父母很高的機率是顯示者、生產者、投射者，如果反映者的父母不了解人類圖，那麼一定會用自己認爲好的方式來對待反映者，那肯定不是適合反映者的方式。

如同所有的非顯示者類型一樣，以社會主流的方式，要求「主動積極」、「若要如何，全憑自己」這種方式來教導反映者，也是不恰當的。

對反映者來說，空間是最重要的事情，要在對的空間中，才會有對的人、對的關係、對的事情發生，問題是：小孩出生後，從醫院回到父母的家，我們根本無法知道這小孩喜不喜歡這個家？這個空間對小孩是對的嗎？

如果要搬家前，最好的方式是先讓反映者小孩去看過新家，確定他喜歡新的家（最重要的是不能不喜歡），然後再搬家；以及要入學前，讓他先去參觀學校，他必須要喜歡那個學校，包括校園、教室，這樣在那空間內才會有對的人、對的事發生。

反映者小孩的策略是要經過二十八天再做決定，也就是不能快速做決定，所以在選擇學校時，要提早一、兩個月就讓他先去學校看一看，前提是他要喜歡這學校，然後等二十八天後，他覺得想去這學校念書，才讓他去這個學校念書。

此外，如果你要送反映者小孩生日禮物，最好要在他生日前一、兩個月就問他想要什麼？然後讓他經過二十八天後，再告訴你他想要什麼，才能送給他適合他的禮物。

所以，各位可以想像一個反映者小孩，如果在父母不知道人類圖知識的情況之下，從小要被正確的教養，並且健康的成長，活出眞正的自己，這是多麼困難的事情！

但如果父母知道小孩是反映者，想盡辦法讓他都是處在對的地點（空間），給他超過一個月的時間來做決定（重要的決定），他就能正確的成長，活出他應有的樣子，這對小孩、父母都是一件好事。要正確的教養反映者小孩是非常不容易的事，但如果父母知道了人類圖這個知識，至少有個努力的方向可以前進。

反映者與睡眠

如同之前談過的顯示者、投射者一樣，對於空白薦骨中心的設計，必須要在感覺累之前就已經上床準備睡覺，不能等到覺得累了再上床睡覺，當非生產者覺得累了，才準備要去睡覺，這時可能已經過勞了。

所以，反映者也是適合固定上床睡覺時間的，當接近上床休息時間時，就可以躺在床上，可以看看書、聽聽音樂，放鬆心情，讓自己慢慢的進入睡眠狀態，這是適合反映者的睡眠方式。

反映者與飲食

對的地點、環境對反映者很重要，有一個方式，可以檢驗反映者是不是在對的環境，就是：如果反映者不喜歡他居住地的當地食物，可能就去到錯的地方了。如果一個反映者出國旅行、工作或生活，不喜歡當地的食物，表示這個反映者可能不適應他所住的地方，建議他最好搬到其他地方去。

反映者如何找到適合自己的工作？

反映者健康的狀態是驚喜，所以能帶給反映者驚喜的工作，就是適合反映者的工作。

所謂的驚喜，可以說是「意想不到的事物」，所以如果能在工作中常常會出現「意想不到的事物」，就比較容易帶給反映者驚喜。因此，反映者比較不適合做重複性質的工作，譬如像工廠流水線的工作，如果工作內容都是一成不變的事情，每天做的事情都是一直重複、一直重複，會出現意想不到的機會就會比較少。

但重點並不是重複的工作就不行，而是在工作中能不能帶來驚喜？

譬如，有一個反映者的工作是安排公司的教育訓練，主要處理的事情是負責聯繫講師，雖然是重複性質的工作，但每次找的講師都不一樣，上課的主題、內容也都不一樣，在聯絡講師、安排課程中，會遇到各種類型的講師，學到各種不同的知識，因此這份工作常常爲他帶來驚喜，他很喜歡這份工作，這就是適合他的工作。

反映者必須在正確的地點工作

如前所述，反映者一定要在對的地點，才會有對的工作、對的關係、對的人；如果是他不喜歡的工作地點的話，在那個工作地點裡面的人，所發生的事情，可能對這反映者就不是對的人、對的事情、對的關係。

只要反映者覺得他的工作地點不好，這就不是適合他的工作地點，連帶的這份工作可能不是適合他的工作（工作地點的好或不好，並不是以新、舊、好、壞來決定，而是以反映者進入工作地點的感覺來判斷）。

所以對反映者來說，當要進入一家公司，開始新的工作之前，最好要先去看過自己未來要工作的地點，一定不能對上班地點覺得很奇怪、有疑慮，或是不喜歡。更好的方式是，盡可能在面試前，就已經先去看過未來要工作的地點，而且要喜歡新的工作地點，否則一旦決定要去上班了，結果在上班第一天，卻發現不喜歡工作的地方，將會變成進退兩難的困境。

我曾經聽過一個反映者說，他要去面試之前，有私底下先去看過未來要工作的地點，覺得很不錯，就去面試，也順利被錄取，但等到眞正上班那一天，實際的工作地點並不是原先看的地方，他當場覺得震驚，不知道怎麼辦。所以建議反映者一定要先確認好未來工作的地點是正確的地點，再前往應徵。

另外一個例子是，有一家公司搬到新大樓去，整體環境都是新的，大家都很開心，但有個反映者卻對這新環境感到不舒服，對預計給他的座位也一直覺得不對勁，後來找遍公司，發現有一個小角落讓他感覺舒服，他就跟主管說想把位子移到那小角落去。其他人都覺得很奇怪，幹麼放著又大又舒服的位子不坐，反而要坐到邊邊角角去，但對空白G中心的反映者來說，必須要在他覺得舒服的位置，才是對他而言正確的辦公位置。

給反映者的職涯建議

前面提及反映者就像礦坑裡的金絲雀，可以反應周圍環境的變化，知道哪裡有問題，提醒大家前往正確的方向，這是反映者獨特的天賦。

我們可以把職場、公司、工作環境比喻成是礦坑，當反映者進入到職場、公司、工作環境後，就能感受到這環境是不是藏有潛在的問題，如果有問題，可以提出警告讓大家往正確的方向移動。

所以，反映者適合做管理顧問的工作，可以在公司裡進入不同的部門，去感受每一個部門的能量場，告訴主管哪裡有問題，提供改進的建議。

一、反映者能看見每一個人的價值

由於反映者可以「反映」出每個人的價值，在公司、工作體系中，可以看出每一個人的貢獻度是多少，每個人的價值是多少，所以依照這個特質，很適合擔任發薪水的工作，根據每個人不同的貢獻度、不同的價值，給予不同的薪水。

但要用反映者這種特質來發薪水，其實是有難度的，因爲大多數公司的薪水制度都是固定的，大多數人每個月的薪水也是固定的，就算一個員工這個月工作多努力一點，下個月則少做了一點事，但每個月的薪水還是一樣的，所以要利用反映者看出不同人的不同貢獻來發薪水，執行上不容易。

但如果公司能善用反映者這種特質，讓反映者爲公司看出哪些人比較有貢獻，然後適當的給予加薪或升遷；再看出哪些人的貢獻比較落後，可以告訴主管對於這些人訂定改進的方案，這樣對整個公司的發展會很有幫助。

另外，由於反映者可以反映每個人擁有獨特的才能，每個人與眾不同的特點在哪裡，可以挖掘出不同的人才，所以可能適合當人事經理，並定期與員工面談，了解每個員工的狀況，強化員工的優點，改進員工的缺點。

二、善用感同身受的特殊天賦

由於反映者可以「反映」出對方的情況，也適合當心理師、治療師，因爲可以反映出個案的情況，知道個案哪裡有問題，可以感同身受，並針對個案的問題提供解決的方法。有關身心靈的工作，確實也是適合反映者的工作。

有一個反映者從事精油按摩的工作，他在幫客戶按摩時，有時會跟客戶反映，他覺得客戶哪個地方按起來感覺怪怪的，建議客戶有機會可以去醫院做進一步的檢查。後來，有些客戶聽了他的建議，去醫院檢查後，確實檢查出問題來。

我也讓這位反映者按摩過，他當時說感覺我的胃怪怪的，我聽了他的建議後，去做了胃鏡檢查，不過結果是我的胃沒有什麼問題。但幾年後，我經歷了一次嚴重的胃痛事件，所以把整個事件連結起來，或許是這金絲雀早就跟我說了什麼是正確的方向，也告訴我哪裡有問題，提醒我要避免，只是可能他太早講了，早到問題在那時候還沒有發生，自然檢查不出問題，但多年之後證明他提醒的方向是正確的。

三、在轉換工作時，不要急著做決定

反映者在人群中的比例很少，只有一%，所以許多反映者在接觸人類圖之前，大多都是受到家人、朋友的影響，按照周圍人的方式在生活，把自己變成像是生產者一樣。

加上反映者九個能量中心都是空白的，沒有固定運作的方式，更會覺得自己不太了解自己，別人也覺得不太了解他們。在不了解自己的情況下，要找到適合自己的工作，不是一件容易的事。

從人類圖的觀點，要找到適合自己的工作，做出適合自己正確的決定，就是要按照自己的策略跟內在權威來做決定，反映者的策略就是對於重大的抉擇，要等待二十八天之後再做決定。

所以建議反映者，當要轉換工作時，不要急著做決定，因為你不是其他類型，不需要用其他類型的方式來做決定，雖然要用適合你自己的方式來做決定，不是一件容易的事，但只要能夠如此，就有很大機會能找到適合你的工作。

四、工作要好玩開心很重要

雖然反映者的九個能量中心都是空白，很容易受到其他人的影響，但並不是每個反映者都會活在不健康的狀態裡。我也遇過成功創業的反映者，他建立了一家相當成功的公司，還遇過好幾位反映者是非常成功的高階經理人，所以任何類型，只要能夠正確的活出自己，都可以成爲優秀的領導者。

從人類圖的觀點，只有生產者來這世界的目的是工作，透過工作來獲得滿足感與成就感，非生產者們來這世界的目的則不是工作。但並不代表，非生產者不需要工作。建議反映者，要了解自己的設計跟生產者不一樣，不要受大多數的生產者所影響，變成像生產者一樣，在生產者的球場玩著生產者的遊戲。

如果身爲反映者的你，覺得目前的工作很好、很開心，工作得很愉快，那麼你可以繼續目前的工作，不必做任何調整。但如果長久以來，你一直覺得對於工作有些疑問，對於目前工作感覺怪怪的，你可以試著按照本書的建議去實驗，看看會有什麼結果？

反映者的職場提問Q＆A

Q 反映者的策略是等待二十八天再做決定，但實際上老闆不可能允許我花那麼多時間做判斷，我在職場上該如何執行自己的策略呢？

A 反映者等待二十八天後再做決定的策略主要是用在重大決定，譬如找工作、結婚、搬家……等，所以不是每個決定都要等二十八天。

在生活中，在工作上，如果反映者要決定一件事情，可以去找幾個朋友聊聊，但不是要聽他們的意見，而是在跟他們聊的時候，看看從自己的口中說出什麼樣的決定？

就好像是借用別人的能量場，來啓動反映者空白中心裡的休眠閘門，讓這些閘門來表達意見，因爲不同的人會啓動反映者不同的閘門，找幾個人的目的，就是盡可能讓反映者的所有閘門都能啓動。透過這些閘門的啓動，讓反映者整合後，再從口中說出最後的決定，這是反映者平時做決定的方式。

Q 身為反映者，我的同事有顯示者、生產者、投射者，我與他們的相處分別該注意哪些地方？

A 因爲反映者跟顯示者、投射者，都是空白薦骨中心的設計，來這世界的目的不是工作，所以可能你們看待工作的角度比較類似。而工作對生產者很重要，生產者則會想在工作中追求滿足感與成就感。

所以，了解不同類型的人會有不同的想法，這對反映者是很重要的事，因爲反映者很容易會受到其他人的影響。但記住，不要把這些影響認爲是自己的東西，譬如跟生產者相處久了，就開始認爲自己要好好工作，努力去追求滿足感。這就像把適合生產者的帽子戴在自己頭上，這是不恰當的。

如果反映者的周圍剛好有其他三種類型，反映者可以利用這個機會，去觀察這三種類型有什麼不同？他們有什麼特性？他們擅長的工作方式是什麼？運用你可以反映對方特性的能力，好好觀察並且了解他們。

可以利用適當的機會，把你的觀察分享給同事，透過你「反映」的特性，讓他們有機會可以更了解自己，也有機會了解其他人。你就像個潤滑劑一樣，讓這三種類型更了解彼此，並且合作的更順暢，形成更有效率的團隊。

Q 身為反映者一定會對他人的能量很敏感嗎？我發現自己好像是能量絕緣體，不太會感受到環境磁場的變化？

A 有個說法是，反映者有能力可以關閉或打開自己的能量場，當打開時，反映者就可以反映四周的能量場，可是關閉時，就不會受到周圍能量場的影響。

如果你覺得自己像是能量絕緣體，那可能是你一直以來，都把自己的能量場關閉，自然就不太會感受到環境磁場的變化了。這也是一種保護自己的方式，讓自己不要受到周圍不健康能量場的影響。

但事情都有正反兩面，你把能量場關閉起來，雖然不會受到周圍不好的能量場影響，但同時你也不會受到好的能量場影響，因此可能就會減少感受到「驚喜」的機會。

建議你可以觀察自己，是否能夠自然的控制能量場的關閉與開啓，在遇到不好的狀況時，把能量場關閉，在好的時候則開啓，這樣就能協助你趨吉避凶。

如果你一時還感受不到自己和別人的能量場，也不要急，不要強迫自己一定要感受，放輕鬆，按照自己的節奏來，能量會自然流動的，慢慢的，你會找到一個適合自己與周圍環境的平衡方式。

Q 如果我在工作上已經很久感受不到「驚喜」，代表我該離職嗎？或是我可以自己在工作中製造驚喜嗎？

A 從反映者適合的工作是能夠帶給你驚喜的工作這個角度來看，如果你的工作已經很久感受不到「驚喜」，確實可以考慮離職。但不是馬上就要去提辭呈，因爲這是一個重大的決定，所以你要等二十八天之後才能做出決定。

但第二個作法可能更恰當，就是自己在工作中製造驚喜。但是要小心，不要在工作上亂「主動發起」，因爲反映者不適合主動發起，如果想要在工作中主動發起來製造驚喜，也有可能會造成混亂。

建議的製造驚喜，可以從小事情開始，譬如你喜歡喝咖啡，那就每天去找不同的咖啡來喝，有時可能喝到難喝的咖啡，但也有可能喝到從來沒嚐過的味道，爲你帶來驚喜。或是對於每天的午餐，你可以開始嘗試去不同的餐廳享用他們的每日特餐，看能不能吃到讓你覺得驚喜的食物。

當每天都能在生活中出現一些小小的驚喜後，你再來看待工作，如果仍然覺得在目前的工作中沒有驚喜，沒有任何期待，或許可以開始考慮離職了。

Q 同事常說我想法很善變，給人不可靠的感覺。反映者在工作上會穩定性不足嗎，會不會只適合從事創意性的工作？

A 因爲反映者九個中心都是空白的，不像有顏色的中心具有持續運作、穩定可靠的特質，反映者讓人覺得善變、不可靠的感覺，這是正常的。

但這不代表反映者在工作上的穩定性就會不足，我遇過許多在同一家公司工作很久的反映者，他們的工作表現也非常好。

另外，善變也代表沒有固定框架，具有彈性，表示你很開放，可以接受各種想法。「善變」可能有負面的一邊，但也有正面的一邊，你可以思考如何利用「善變」的特性，去帶來好的結果。

創意性的工作可能適合「善變」的特性，但反映者不會只有適合創意性的工作，所有能帶給你驚喜的工作，都是適合你的工作。重點是，當時你選擇這份工作時，有沒有經過二十八天後再做出決定？如果有，這就是一個正確的決定，對你來說就是一份正確的工作。

6

內在權威

在我們選擇適合自己的工作之前，最重要的是先了解最適合自己做決定的方式。人類圖提供每個人做決定的方式，就是按照自己的策略跟內在權威來做決定！

策略來自於你的類型，根據你是什麼類型，決定了你的策略。顯示者的策略是「告知」，生產者的策略是「等待回應」，投射者的策略是「等待被邀請」，反映者的策略是「等待二十八天後再做決定」。

內在權威則不一樣，不同的類型可能會有相同的內在權威，譬如顯示者、生產者、投射者都可能是情緒內在權威，所以每個人在了解自己的類型，知道自己的策略後，還要再配合上自己的內在權威，才是完整的做決定方式。

內在權威與做決定的關係

首先，我們先來了解「權威」是什麼?權威，最簡單的定義就是「正當的權力」，權力是影響他人行爲的能力，而權威則是發揮這種影響的權利。所以擁有權威的人，就能夠影響別人的行爲，影響關於「做決定」這件事。

誰是我們人生最早的權威？答案是父母（或是小時候的主要照顧者）！在大部分的人小時候，父母是我們最開始的權威，會決定讓我們吃什麼東西，決定帶我們去哪裡玩，決定我們穿什麼衣服……等，幾乎每個人小時候的一切，都是來自父母的決定，我們都受到父母所做出決定的影響，很少有機會能夠讓自己來做決定。

長大進入學校之後，老師便成爲我們的權威，在學校裡我們要聽老師的話，老師會教導我們各種事情，包括學習及生活上的一些行爲及觀念，有時老師說的話對學生的影響比父母還有效。

所以在每個人的成長過程，一開始都是受到各種的權威人士來影響我們的決定，由他們的決定來影響我們的生活，大部分的人都是在別人的決定下，在別人的影響下長大的，所以我們小時候的人生，幾乎都是被別人決定的人生。

在成長的過程，我們開始一步一步取回做決定的權力，開始可以自己決定吃什麼，自己決定去哪裡玩，自己決定穿什麼衣服，我們慢慢的把決定的權力拿回到自己手上。所以成長的過程，就是一個學會自己做決定的過程，在這過程中把做決定的權力，從父母、長輩、老師、長官……等這些權威人士身上一點一點拿回來，讓自己成爲自己的主人。

但是在這個把決定的權力拿回來的過程中，大部分的人並沒有被教導如何做決定？如何做出好的決定？如何做出正確的決定？所以我們會向別人學習，按照他人做決定的方式來爲自己做決定，常常習慣聽從別人的建議來做決定，所以我們在過往的人生中所做出的決定，不見得都是適合我們的決定。

頭腦不是做決定的工具

大多數人在做決定都是由頭腦來判斷、決定，從小我們都被教育用頭腦來做決定，大家都是這麼做，可是，在人類圖的觀點，頭腦並不是做決定的工具。

因爲頭腦主要的功能是衡量、比較、分析、研究，所以頭腦可以把各個選項的優點、缺點列出來，然後進行比較，甚至還可以加權計分，這是頭腦擅長的事情，它可以把所有狀況都列出來，但是它無法幫我們決定哪一個比較適合我們，那一個對我們是正確的決定。

而人類圖則是建議每個人按照自己的策略，再加上自己的內在權威，兩者結合在一起，就是每個人做決定的工具。

人類圖所說的「頭腦不是做決定的工具」，並不是說頭腦都沒有用，叫大家完全都不要用頭腦，都不要思考。這並不是正確看待頭腦的方法。正確的方式是不要讓頭腦占主導的地位，而是讓頭腦作爲輔助的角色，輔助每個人來使用他的策略跟內在權威來做決定，換言之，頭腦不是我們做決定的主帥，但它是非常重要的盟友。

再回到「權威」，在人類圖中，權威有分成「內在權威」（Inner Authority）與「外在權威」（Outer Authority）兩種。

外在權威與內在權威的差別

外在權威就是我們的頭腦，頭腦的主要功能是處理數據、資料、訊息，同時能夠透過語言與其他人分享，透過彼此的分享，我們可以了解自己、了解別人，了解世界，所以外在權威也是非常重要的，每個人的外在權威都對其他人非常有價值，但對自己的「做決定」相對比較沒有價值。

而內在權威是在你的人類圖中，有一個地方，能夠穩定的對你在做決定時給出一個Yes或No，這個可靠的地方就是你的內在權威。

內在權威是由你的人類圖上有顏色的能量中心來決定的，因爲有顏色的能量中心代表這個中心有持續運作、穩定可靠的特質，才可以一致性的、連貫性的協助我們來做決定。然而，一張人類圖上可能有很多能量中心都有顏色，那麼這些有顏色的能量中心要如何決定一個人的內在權威呢？

內在權威的運作是有等級制度的，在界定上的先後排序依次是（可參見第26頁的圖3）：

1. 情緒內在權威：只要你的情緒中心有顏色（有定義），你就是情緒內在權威。

2. 薦骨內在權威：必須情緒中心空白，薦骨中心有顏色，就是薦骨內在權威。

3. 直覺內在權威：情緒中心空白、薦骨中心空白，直覺中心有顏色，你就是直覺內在權威。

4. 意志力內在權威：情緒中心、薦骨中心、直覺中心空白，意志力中心有顏色，你就是意志力內在權威。

5. 自我投射內在權威：情緒中心、薦骨中心、直覺中心、意志力中心都空白，G中心有顏色，你就是自我投射內在權威。

6. 無內在權威：無內在權威有兩種，一種是投射者、一種是反映者。

無內在權威之投射者：情緒中心、薦骨中心、直覺中心、意志力中心、G中心都空白，只有喉嚨以上有顏色，有三種情況：A.喉嚨中心、邏輯中心、頭腦中心三個都有顏色。B. 喉嚨中心及邏輯中心有顏色、頭腦中心空白。C. 喉嚨中心空白，邏輯中心及頭腦中心有顏色。

最後，無內在權威之反映者：九個能量中心都空白。

如果一個設計，同時情緒中心、薦骨中心、直覺中心都有顏色，有人會疑惑，這三個持續運作、穩定可靠的特質，都可以成爲他的權威嗎？答案爲否，因爲我們提到內在權威有等級制度，情緒中心排第一，所以只要情緒中心有顏色，即便薦骨中心、直覺中心有顏色，他的內在權威一樣是情緒中心。

情緒內在權威

只要你的情緒中心有顏色（有定義），你就是情緒內在權威。你做決定的方式就是要等待你的情緒週期結束，在情緒的高點跟低點都有相同的結論之後，再做出決定。

因爲情緒中心有定義的人，會擁有固定的情緒運作模式，就像是波浪一樣，會由低點慢慢往上移動到高點，再由高點慢慢移動向下到低點，到達低點後又慢慢往上移動，周而復始，永遠不會停止。而情緒會影響一個人的看法，在心情好的時候可能相對比較樂觀，在心情不好的時候可能比較悲觀。因此，情緒中心有顏色的人，看待事情的角度，會隨著情緒的高低點而有所改變。

譬如，情緒中心有顏色的人早上起床，看到窗外陽光明媚，太陽好大，他覺得這種大太陽的天氣眞好，他就心情很好，可是過了三天，一樣早上起床看到外面太陽好大，他可能覺得爲什麼今天的太陽這麼大，熱死了，煩死了。

所以同樣是「太陽好大」這件事，情緒中心有顏色的人，在不同的時間點，不同的情緒波中，他對同一件事情的看法可能就會不一樣。

對於情緒內在權威的人永遠要記得一件事，就是：「當下沒有眞相」，也就是「不要在當下做決定」！

舉例來說，你的情緒中心有顏色，當你在情緒的低點，有可能因爲心情的沮喪，在憤怒的情況下就做出了決定，譬如被老闆罵後，心情很不好，就當場跟老闆說「我不做了，我要離職！」

等下班後，回到家裡，心情比較平靜了，也就是情緒由低點回到正常的位置，這時可能就後悔了，覺得這工作其實還不錯，待遇也很好，如果辭掉工作了，下一份工作要做什麼？雖然老闆脾氣不好，但其實忍一忍就過去了，自己爲什麼要那麼衝動就提辭呈了呢？這時就會陷入困境，究竟是眞的要說到做到，說離職就離職嗎？還是去跟老闆道歉，說提離職只是一時衝動，你沒有眞的要離職。自己因而左右爲難，因爲不想眞的離職也不敢跟老闆道歉來取消離職這件事。這是在情緒低點就做出決定的壞處。

另外，在情緒的高點也不適合作決定，譬如你與一群好朋友在聊天，聊得非常開心，提到以前一起出國玩的精彩回憶，有人就說：「那我們要不要下個月再一起出國玩？」因爲你在情緒的高點，太開心了，就答應說：「好呀，我要去！」

等隔天上班時，發現下個月有很多重要的案子，根本抽不出時間出國玩，可是昨天已經答應朋友了，怎麼辦？因此情緒中心有顏色的人在心情好的時候也不適合立刻做決定。

所以，情緒內在權威的人要做決定之前，要先「等待」。但要等什麼呢？不是要等待事情的「眞相」，而是要等待情緒的「清晰」，情緒的「清明」，這個清明是一個綜合的平衡判斷，透過整合你在情緒高點跟情緒低點的不同觀點後，然後再做出決定。

也就是說，當情緒內在權威的人要做出一個決定之前，要先等一段時間，看看自己在心情好的時候（情緒波的高點），想不想做這件事情？就算想做，還不能做出決定，要再等到心情不好的時候（情緒波的低點），如果這時還是想做，在情緒高點跟低點的結論一致，這時就可以下決定去做！

如果高點不想，低點也不想，那就不要去做！

問題在於，如果情緒波高點想做，但低點不想做，兩個答案不一致，這時怎麼辦？答案就是繼續等下去，如果一直都是不一致的狀況，那就還不要做決定，要一直等到高點、低點的結論都一致後，才能做出決定。

很多人會問一個問題：「那我要等多久？」這是一個很重要的問題，但答案卻是因人而異，因為等多久是要根據一個人的情緒週期有多長來決定。

建議情緒內在權威的人，要練習觀察自己的情緒週期，也就是自己從情緒的高點到低點，然後再到高點，需要多久的時間？

基本上，越重要的問題要等越久，譬如換工作、結婚、搬家……等，這些都是重大的決定，對於這些重要的事情，就不適合快速的做決定。一定要等到在情緒的高點跟情緒的低點都有相同的結論之後，再做出決定。

以前面朋友邀約出國玩的例子來說明，當朋友說：「那我們要不要下個月再一起出國玩？」即便你在情緒的高點，非常想去，建議你也不要當下答應，你可以跟大家說：「原則上我想去，但請讓我想幾天後，再告訴你們最後的答案好嗎？」

當你離開後，開始觀察自己的情緒，尤其是要觀察自己情緒走到低點的時候，再看你想不想去？如果還是想，也就是在情緒的高點跟低點都有相同的結論，那你就可以告訴大家你決定要去。

如果你在情緒低點時不想去，等過幾天情緒又走到高點時，你還是覺得不想去，在情緒的高點跟低點你都不想去，這時你可以告訴大家：「不好意思，我想了幾天後決定不去了。」

但如果一直是在情緒高點想去、低點不想去，一直反覆循環呢？那就還不要做決定，要一直等到高點、低點都有相同的結論，再做決定。

這時如果朋友催你：「你決定好了沒有？大家都在等你，明天就要買機票了，你要給我們一個答案！」如果你還沒有在情緒的高點低點達成一致的結論，建議就不要去。因爲對你而言正確的事情，一定會等待你順利做出決定！

情緒內在權威的智慧源於忍耐

大多數情緒中心有顏色的人都很難等待，因爲情緒中心屬於動力中心，當在情緒的高點，很想要去做一件事情時，就像是蓄勢待發的火箭一樣，非常急著要趕快行動，去做自己想要做的事情。

但是智慧源於忍耐，在情緒高點或低點匆促做出決定，很容易在一段時間過後就會後悔，唯有透過等待，經過情緒高點與低點後，整合不同的觀點，得到一個清晰一致的結論之後，才能做出智慧的決定。

睡過一覺之後再做決定

如果情緒內在權威的人，被要求馬上做決定（譬如買賣東西、求職……等），建議你可以嘗試向對方要求，能不能隔天再給出答案？

因爲當經過一天、睡過一覺之後，情緒內在權威的人可以觀察自己在睡覺前跟起床後，答案是不是一致？如果一樣，就可以做出決定，如果還是不一致，就再請對方給自己更多一點時間。

沒有馬上做出決定說好，是否就會錯過？

很多人會擔心，如果對方已經向我提出一個工作機會，我應該要馬上答應才對，如果我還跟對方說我要思考一段時間，對方是不是就會放棄我，我就失去了這個機會？

從人類圖的觀點，如果對方眞的需要你，這件事情對你是正確的，那麼對方一定會給你時間來等你，如果對方無法等你更多時間，那可能這件事就不適合你，因爲適合你的事情一定會等你的！

這個等待的做法需要練習，因為大多數人都習慣快速做決定，覺得這樣比較有效率，但如果你是情緒內在權威的設計，你回想以前如果沒有充分時間想清楚，就倉促做了決定，後來的結果好嗎？

所以要開始練習，來觀察是否等待情緒高點低點的結論都一致之後再做出決定，這樣的結果是不是比較好？如果確實比較好的話，就可以繼續練習。

如果情緒內在權威的人經過長期練習後，對於有的決定可能不需要那麼長的時間，可能等待幾個小時的時間就夠了，但是，這還是適合比較小的事情，如果是重大的事情，還是等待越長時間越好。

薦骨內在權威

有的人在做決定時會用拋硬幣來做決定，正面就去做，反面就不要做！薦骨內在權威做決定的方式就有點像是拋硬幣，不過差別是，拋硬幣完全是靠運氣，由上天來決定，你也不知道做出的決定好不好？

但薦骨內在權威的人，如果用薦骨回應來做決定，它是依靠薦骨的聲音來判斷，薦骨對有回應的事情就會發出肯定的聲音，對於不想的事則發出否定的聲音，所以它是由你的身體來做決定，所以用薦骨做出的決定，就是適合你的決定！

薦骨內在權威的人一定是生產者，因此就是利用「薦骨回應」來做決定，利用薦骨的聲音來判斷Yes或No，然後做出決定。對生產者來說，這是一個非常重大的挑戰，因爲長久以來，我們都習慣用頭腦來做決定，用頭腦來評估判斷，再做出決定。

但是頭腦是我們的外在權威，外在權威不是我們做決定的依據，生產者要練習把決定的權力，從頭腦轉移到薦骨。

薦骨內在權威的人，情緒中心一定是空白的，所以不需要等待情緒的清明，可以透過薦骨在當下來做出決定。不管是大決定、小決定，都可以用薦骨來決定。

對於人類圖的初學者，建議不要一開始就用薦骨回應，來決定要不要換工作、結婚、搬家……等重大的決定，因爲如果自己對薦骨的聲音、薦骨回應還不是很熟悉，就貿然用薦骨回應做出重大決定，這也不恰當。

最好一開始先從小事情開始練習，譬如從吃午餐、喝飲料這種小事開始練習，然後慢慢放大到：要不要買這本書？要不要買這件衣服？要不要參加這個週末朋友的聚餐……從小事情開始練習。

吃東西、喝飲料是一個很好的練習機會，譬如午餐時，你可以試著用薦骨的回應來決定你午餐要吃什麼。你可以請同事問你：「你中午想吃排骨飯嗎？」「你中午想吃牛肉麵嗎？」「你中午想吃麥當勞嗎？」把平時你會吃的東西，一個一個列出來，再請同事化爲問句來問你，看你對哪一個問題有肯定的回應，就選那一樣去吃。譬如你對其他東西薦骨都沒有發出聲音，唯獨對牛肉麵有發出肯定的聲音，那就去吃牛肉麵。

當一個生產者，用小事情來練習薦骨的回應，並以薦骨回應的答案來做出決定，接著就要觀察這個決定的結果好不好？你喜歡不喜歡？如果用薦骨所做出決定的結果都不錯，那就繼續練習，隨著練習的次數越來越多，你會越了解自己薦骨的聲音，肯定時是什麼聲音，否定時又是什麼聲音，練習越多，你會越明白你薦骨的聲音，你薦骨回應的聲音也會越扎實。

習慣之後，你可以慢慢擴大到比較重要的事情上。你可以用你覺得舒服的步調來進行，只要自己覺得用薦骨回應來做決定是好的，是OK的，你就會越來越有信心，然後就可以得到對你而言正確的結果，得到對你而言正確的人生。

我們可以這樣想像，如果你是生產者，你此時此刻，利用薦骨回應來做出正確的決定，你當下就會得到正確的結果！如果你今天都做出正確的決定，你今天都會得到正確的結果。如果你這一週都做出正確的決定，你這一週就會得到正確的結果。如果你這個月都做出正確的決定，你這個月就會得到正確的結果。如果你今年都做出正確的決定，你今年就會得到正確的結果。

其實對薦骨內在權威的人來說，可以先不用想到這個月、這一年這麼遠，只要專注在當下，只要能在每個當下都能做出正確的決定，一次又一次，累積起來就是一連串正確的決定了！所以建議薦骨內在權威的人，下一次要喝飲料或吃飯時，就可以練習用薦骨的聲音來幫你做出決定！

直覺內在權威

直覺中心是負責保護我們的安全，它在我們有危險前便會發出訊息來提醒我們。

在原始時代，受到動物、環境的威脅，人比較容易遇到危及生命安全的危險，但因為現代社會中，我們被保護得比較好，大危險比較少了，比較常見都是些小危險。

像是你早上要出門時，看到在門旁邊的傘，突然就冒出一個直覺：「下午會下雨，要帶傘！」但頭腦的評估判斷馬上就冒出來了：「天氣這麼好，下午怎麼可能會下雨，不用帶！」所以不帶傘就出門了，結果下午就下大雨，自己被淋濕了，心中就後悔：「早知道早上帶傘就好了！」

每當有事情要發生了，直覺就會發出訊息來提醒你。如果直覺內在權威的人察覺到直覺發出一個訊息，隨即採取相對應的行動，就可以避免掉一些危機。直覺內在權威的設計，只有可能是顯示者或投射者。

直覺內在權威的顯示者

直覺內在權威的顯示者，一個方式是聽從直覺的提醒，因爲顯示者可以「主動發起」，所以當直覺發出訊息時，就「主動發起」做出相對應的行動，直覺叫他做什麼，就去做什麼，若直覺提醒他不要做，那就不要做。

另一個方式是當他要做決定前，要「告知」相關人等時，如果直覺覺得不對，那麼或許可以選擇暫緩這個決定。如果是對的事情，直覺並不會特別提醒你，所以只要注意告知前有沒有直覺覺得不對，冒出來提醒你的狀況就好了。

直覺內在權威的人，如果聽從直覺的提醒，通常就可以避免掉一些麻煩與危險，讓事情順利進行。如果事情一直都很順利，沒有問題發生，那可能就不會察覺到直覺的重要性，必須要碰到沒聽直覺的提醒，因而發生了問題，這時才會懊惱的後悔當時自己為什麼沒有聽直覺的建議。

有一個直覺內在權威的顯示者，工作非常忙碌，很多計畫同時在進行，有時忘了一些事，即便延遲了一兩天，只要趕快把漏掉的工作補起來就好了，但有一天，他突然有個直覺，提醒他有個工作要趕快完成，他有察覺到這個直覺，但卻沒有聽從直覺的建議去行動，下午老闆打電話問他那個工作完成沒？他回答還沒。因為這件事情打亂了老闆下午的計畫，所以他就被老闆痛罵了一頓。

其實他的直覺已經有提醒他，要把那個沒完成的工作趕快完成，但他忽略了，就發生了被老闆責罵的結果，所以建議直覺內在權威的人，當你的直覺發出訊息來提醒你時，應該寧可信其有，並隨即做出相對應的行動，不要等到問題眞的發生後才來後悔。

直覺內在權威的投射者

因爲投射者必須要等待被邀請，當邀請出現時，直覺內在權威投射者判斷要不要接受這邀請的依據就是看直覺，只要直覺覺得「對」，就接受；直覺覺得「不對」，就不要接受。

直覺是不合邏輯的，所以有時即便其他人都覺得很好的邀請，但只要直覺內在權威的投射者覺得不對，還是不要接受。

譬如有個直覺內在權威的投射者，收到另一個公司更高薪水、更好職位的邀請，大家都覺得這是個好邀請，他應該接受，連這個投射者也覺得這邀請很好，自己應該滿心歡喜接受才對，可是他並沒有產生「對」的感覺，他覺得好像哪裡怪怪的，就不是很想接受這邀請，後來就不了了之。

過一段時間後，他輾轉聽到當初那個職位出了問題，幫別人背了黑鍋，狀況很不好，這時他才知道爲什麼那時直覺會覺得不對，因爲直覺發出訊息提醒他不要接受，就是爲了保護他。

意志力內在權威

意志力內在權威的人，要不要做這個決定，取決於他的意志力，意志力就是一個人控制自己的想法和行爲的能力，意志力也是決心的意思，所以要不要做一個決定，就看意志力內在權威的人有沒有決心！意志力內在權威的設計，只有可能是顯示者或投射者。

意志力內在權威的顯示者

意志力內在權威的顯示者要做一個決定前，要看自己有沒有足夠的決心，能夠控制自己，有紀律的往自己想要做的事情前進，如果有強大的決心要做這件事的話，就告知跟這個決定有關的相關人等，然後就可以去做這件事。

就好比項羽在對抗秦軍時，當帶領大軍渡過黃河後，對著八千江東子弟兵發誓：「不擊敗秦軍、絕不收兵！」隨即破釜沉舟，把吃飯的鍋子打破，又把船隻鑿沉，宣示自己的決心，最後打敗強悍的秦軍，從此威震天下。

意志力內在權威的投射者

當一個意志力內在權威的投射者被邀請之後，他要不要接受這邀請的判斷是：「自己有多想要接受這個邀請？」如果覺得非常想要，非得到不可，就可以接受這個邀請。

如果一個意志力內在權威的人，被辨認出他有音樂方面的才能，被邀請成爲一個歌手，這時就看他有多想成爲一個歌手，如果他下定決心，非要成爲一個歌手不可，他就可以接受這個邀請。

自我投射內在權威

自我投射內在權威，這種設計一定是情緒中心、薦骨中心、直覺中心、意志力中心空白，而G中心有顏色，且G中心往上接到喉嚨，所以這種表達，是透過喉嚨來表達的。

G中心是有關人生方向、愛與自我認同，而自我投射內在權威的人一定是投射者，投射者的策略是要「等待被邀請」，所以當他被邀請後，他要去跟其他人討論，對他們來說很重要的一點是當他們說話時，要傾聽他們自己，因爲他們會透過他們的身分、自我定位（G中心）來表達出自己的眞實，這便是他們的內在權威。

要注意跟別人說話時，不是要聽別人的意見，而是透過跟別人對話的過程中，從自己口中說什麼事情、什麼結論來，所以G中心內在權威的人要專心傾聽自己在當下所說出來的話，這是他做決定的方式。

有一個心理系的學生快畢業時，老師問他畢業後要不要留在學校當助教，這是一個工作的邀請，之後他就去跟同學討論，說老師想請他當助教，同學就跟他說在學校是不錯的工作環境，接著他說他也想去醫院看看，想試試臨床的工作，講著講著，他突然說出，其實他很想做兒童心理治療的工作，他說出來的當下有點訝異自己為什麼說出這樣的話來，可是說出來後他覺得有一種肯定感、確定感，後來他也選擇去做兒童心理治療的工作了。

另外，自我投射內在權威的人，還有一種情況，也是做決定的方式，像是從G中心投射出一個聲音，出現一個召喚，譬如有人在城市工作很長一段時間，突然心中出現一個召喚，「回家鄉工作！」就決定回鄉下種田，從事種田的工作，而且也工作得很愉快。不過對自我投射內在權威的人來說，這種狀況出現的機會並不多。

無內在權威

對於沒有內在權威的人，因爲沒有內在權威可以依靠，在做決定時便需要其他人的參與和協助。

無內在權威的投射者

無內在權威的投射者，策略是「等待被邀請」，所以當他接受到一個邀請後，他要去找幾個人談。因爲無內在權威的投射者，自喉嚨以下的能量中心都是空白的，當他跟不同的人談話，進入不同人的能量場，喉嚨以下的空白能量中心就會產生不同的刺激與啓動，就好像你設計中一些休眠的區域被啓動來表達意見，你對你所說出來的話會產生不同的感覺，這些內容會給你不同的價值。

無內在權威的投射者，至少要在不同的時間和不同的人討論（就像是智囊團一樣），在經歷了不同人、不同能量場的談論過程後，你的內在會整合這些感覺、價值，然後得到一個關於要做出什麼決定的結論。

譬如你收到一份工作的邀請，回家後先跟你的媽媽談這件事，注意你是怎麼在講這件事情的，接著第二天，你跟你的朋友聚餐時，你跟他討論相同的事情，你的說法可能會不一樣，因爲不同的時間、不同的人都會影響你，在你跟他們講完後，你可能會有個感覺，知道是否要接受這份工作的邀請，或是你會從你的嘴巴講出你要接受這份邀請或拒絕這份邀請。

但要注意一件事：你並不是在聽他們的建議，如果你聽了他們的建議而做出決定，你是接受了別人的外在權威來幫你做決定。你跟別人談，就只是借用他們的能量場而已，對方的功用就像是反射板一樣，透過跟他們的討論來幫你整合出你的結論，然後從你嘴巴說出來，記得重點是：注意從你嘴巴說出來的話，而不是頭腦想出來的想法。

其實，無內在權威投射者跟自我投射內在權威的投射者有些類似，都是要先有邀請，然後去跟其他人談話，看什麼決定從自己的口中說出來。但差別是無內在權威投射者的G中心是空白的，而空間、地點對空白G中心設計的人很重要，他們必須要在對的地點、空間，才會遇到對的人、發生對的事情，所以無內在權威投射者在收到邀請之後，跟智囊團討論的空間、地點，必須確保是對的空間、地點，才能得到對的結論。

無內在權威的反映者

無內在權威的反映者，要做一個決定時，必須要等二十八天，經過一個月亮週期，由月亮輪流啓動這反映者的每一個閘門，就好像讓每一個在空白中心裡的休眠閘門輪流啓動來表達意見一樣。反映者在這二十八天中仔細觀察自己的想法，有時候可能是想做，有時候可能又覺得不想做，經過二十八天將所有這些意見整合後，再做出決定。

但這種做決定的方式，只有針對重大的決定，譬如找工作、結婚、搬家……等重大決定，透過等待二十八天之後，才能做出正確的決定。

有一個反映者去面試一份工作，面試完後，並沒有立刻答應要去上班，他說他要想一想，結果他想了兩個月，周圍的家人、朋友在這兩個月之間都急壞了，一直勸說他要趕快答應去上班，不然公司可能就找別人了，你就要失去這個機會了。

周圍的人一直問他爲什麼還不決定？他的回答是：「我還在思考。」一直等到他想了兩個月後，最後決定去公司上班，而對方公司也仍然歡迎他，他就順利去公司上班了，在公司的表現也很好，最後還當到公司的高層。

反映者做決定的方式跟其他人都不一樣，在其他人的眼中會覺得很不可思議，這樣做太浪費時間了，但是適合別人的方式不一定適合反映者，只有運用反映者的策略，等待二十八天，然後做出決定，才是對反映者而言正確的決定。

再次強調，這種方式只適合重大的決定。平時生活中的小決定，則是像無內在權威的投射者一樣，要去跟別人聊，而且記得要在對的空間聊，透過跟別人談話的過程中，看什麼結論從自己的口中說出來，然後再做出決定。

結論

當你了解了自己的策略跟內在權威之後，便可以開始練習用人類圖的方式來做決定。每當你用人類圖的方式來做決定之後，你可以觀察結果如何？自己的感覺如何？跟你用以前的方法所得到的結果跟感覺有什麼不一樣？

人類圖是一個實驗的科學，每個人實驗的步調方式都不同，你可以用你覺得最舒服的方式來進行實驗，然後觀察結果。你可以注意，當你練習後，你有沒有更充滿愛、平和與喜悅，如果有的話，代表這對你是一個行得通的方式。

隨著你不斷的練習，你會越來越熟悉如何運用你的策略與內在權威來做決定，你看待事情的角度也會慢慢開始改變，你會越來越回到你原本被設計的模樣，適合你的工作也會隨之而來，顯示者會找到能發揮自己影響力的工作，生產者可以不斷的從工作中獲得滿足感，投射者能透過工作得到成功或者是協助別人成功，反映者則從工作中得到驚喜。

祝你能一步一步走上屬於你自己的正確人生！

國家圖書館出版品預行編目（CIP）資料

人類圖職場指南：從你的類型出發，找到適合自己的工作
／林福益著. -- 初版. -- 新北市：橡實文化出版：大雁出版基地發行，2024.03
面； 公分
ISBN 978-626-7441-04-6（平裝）

1.CST: 占星術 2.CST: 職場成功法

292.22 113000291

BC1129

人類圖職場指南：
從你的類型出發，找到適合自己的工作

作　　者　林福益（Alex Lin）
責任編輯　田哲榮
協力編輯　朗慧
封面設計　斐類設計
內頁構成　歐陽碧智
校　　對　蔡函廷

發 行 人　蘇拾平
總 編 輯　于芝峰
副總編輯　田哲榮
業務發行　王綬晨、邱紹溢、劉文雅
行銷企劃　陳詩婷
出　　版　橡實文化 ACORN Publishing
地址：231030新北市新店區北新路三段207-3號5樓
電話：02-8913-1005　傳真：02-8913-1056
網址：www.acornbooks.com.tw
E-mail信箱：acorn@andbooks.com.tw
發　　行　大雁出版基地
地址：231030新北市新店區北新路三段207-3號5樓
電話：02-8913-1005　傳真：02-8913-1056
讀者服務信箱：andbooks@andbooks.com.tw
劃撥帳號：19983379　戶名：大雁文化事業股份有限公司

印　　刷　中原造像股份有限公司
初版一刷　2024年3月
定　　價　580元
I S B N　978-626-7441-04-6